KB059457

흙에서 자라는 아이들

흙에서 자라는 아이들

처음 펴낸 날 | 2011년 10월 19일
세번째 펴낸 날 | 2018년 4월 12일

아이카와 아키코 지음
장희정, (사)나를 만나는 숲 옮김

책임편집 | 박지웅

펴낸곳 | 도서출판 호미
펴낸이 | 홍현숙
주간 | 조인숙
편집 | 무하유
등록 | 1997년 6월 13일(제1-1454호)
주소 | 서울시 마포구 서교동 339-4 가나빌딩 3층
편집 | 02-332-5084
영업 | 02-322-1845
팩스 | 02-322-1846
전자우편 | homipub@hanmail.net

표지, 본문 디자인 | (주)끄레 어소시에이츠
인쇄 | 문성인쇄
제본 | 성문제책

ISBN 978-89-97322-00-8 03370
값 | 13,000원

한국어판ⓒ도서출판 호미, 2011

(호미) 생명을 섬깁니다. 마음밭을 일굽니다.

흙에서 자라는 아이들

지금은 느림의 교육, 기다림의 교육을 시작할 때

박경조 (사)나를 만나는 숲 이사장, 전 성공회 대주교

2011년 여름은 유난히 비가 많이 내렸습니다. 파란하늘이 그리울 정도로 연일 비가 내렸습니다. 그런가 하면 올봄 일본에서 발생한 대지진과 지진해일 또한 전 세계 환경 변화를 피부로 느낄 수 있는 계기가 되었습니다. 그밖에도 크고 작은 이상 징후들이 세계 곳곳에서 발생하고 있습니다.

이러한 자연재해는 산업 극대화가 빚어낸 결과에 대한 지구의 자정 작용이라고 하니 겸허하게 받아들여야 할 것 같습니다. 경제 성장에 의한 편안함만을 추구해 온 인류의 이기적인 생각은 언젠가부터 우리 삶과 따로 떨어질 수 없는 '지구 환경'을 망각하게 했습니다. 그 최전선에 어쩌면 우리의 교육 시스템이 앞장 서 있는 듯합니다. 우리는 환경의 관계성에 대한 무지로 아직도 전 지구상에서 일어나는 일련의 현상을 이해하지 못하고 있습니다. 그럼에도 불구하고, 앞으로만 그리고 위로, 꼭대기로만 달려가는 교육이 우리 사회를 지배하고 있는 것이 지금 우리의 교육 현실입니다.

이제, 주변을 살피는 여유로운 교육을 실천할 때가 되었습니다. 느림은 곧 여유로움입니다. 여유로워야 주변을 둘러볼 수 있고, 필요한 것이 무엇인지 생각할 수도 있습니다.

유엔에서도 현재 진행하는 교육에 대한 평가를 새롭게 하고 있습니다. 즉, 지금과 같은 주입식 교육으로는 미래를 예측할 수도, 대응할 수도 없다는 것입니다. 어떻게 지속적으로 성장할 수 있는지에 대한 방안을 유엔 차원에서 모색하고 있습니다. 특히 산림을 활용한 지속발전교육 프로그램을 개발해 유치원과 초등학교 저학년에게 보급할 수 있는 지속 발전 가능한 교육(UNESCO-ESD) 연구를 올가을부터 3년 동안 한국, 독일, 일본 세 나라에서 공동으로 시작합니다. 한국에서는 '(사)나를 만나는 숲'이 본 연구를 총괄하게 되었습니다. 이미 몇 해 전부터 국내에 아이들이 스스로 판단하고 자발적으로 활동할 수 있는 "기다림의 교육"인 숲유치원을 산림청과 함께 널리 알리고 있습니다. 숲유치원에 대한 관심이 커지면서 실제적인 경험과 체험을 듣고 싶어 하는 욕구도 함께 커지고 있습니다. 때마침 '(사)나를 만나는 숲'에서 자연주의 유아교육으로 아이들을 키워 온 학부모와 보육사가 각자의 언어로 체험보따리를 풀어놓은 「흙에서 자라는 아이들」을 번역하게 되었습니다. 이 책을 통해 숲, 곧 자연에서의 교육에 대한 필요성과 효과가 온건히 전달되길 바라며, 또한 숲이나 야외 활동에 대해 확신하지 못하는 분들에게 도움이 되길 바랍니다.

끝으로 (사)나를 만나는 숲은 "느림의 교육, 기다림의 교육"의 중요성을 알리고 미래교육을 위한 지속적인 노력을 아끼지 않을 것입니다.

부모가 바뀌어야 아이가 바뀐다

장희정 (사)나를 만나는 숲 연구책임자

　잘 놀고, 잘 먹고, 잘 자는 아이가 건강하게 자란다는 것을 우리는 익히 알고 있다. 이 사실을 현실 삶으로 구현하기 위해서는 먼저 우리 인식이 바뀌어야 한다는 것도 잘 알고 있다.

　그러나 알고 있는 것들을 행동으로 옮기지 못하는 경우가 허다하다. 설령 행동으로 옮겼다고 해도, 그것이 과연 옳은 선택인가에 대한 의심이 끊이지 않는다. 아이들 교육에 관한 일이기에 더욱 그렇다. 그러던 차에 생각을 행동으로 옮기고, 그 결과에 대해 평가할 수 있는 경험담들이 오롯이 담긴 책을 발견했다. 그러니까 이 책「흙에서 자라는 아이들」을 처음 접한 것은 세 해 전이다. 일본 나고야 인근에서 열린 숲유치원 포럼에서 자연교육에 대한 강연이 있었다. 이 책을 쓴 아이카와 아키코 선생은 '숲 활동 육아 품앗이' 모임인 '좋은 사이'를 만들어 부모들과 함께 스무 해 넘게 산과 바다, 논과 습지 같은 자연에서 아이들을 키우고 가르쳐 왔고, 그 알토란 같은 경험 보따리를 이 책에 오롯이 담았다.

　숲 활동 육아 품앗이란, 학부모가 보육사와 함께 교육 주체로 참가하는 야외교육을 말한다. '좋은 사이'에서 이루어지고 있는 숲 활동 육아 품앗이는, "자발적인 불편함"을 추구하는 유럽의 자연유치원이나 숲유치원의 교육환경이나 방식이 닮아 있으면서도 서로 다른 면이 있어 인상적이었다. 무엇보다 부모가 교육 주체가 되어 보육사와 함께 야외에서 활동하는 모습이 당연한 일이면서도 새롭게 받아들여졌다.

부모들이 보육사와 함께 자녀를 키우고 가르치는 '숲 활동 육아 품앗이'는 학부모들이 교육조합을 구성해 자녀들을 돌보는 우리나라의 '공동육아교육'과 비슷하다. 공동육아와 숲 활동 육아 품앗이는 양육에 대한 철학과 방향은 같지만, 공동육아는 부모들이 출자금을 내 교육 공간을 마련하고, 숲 활동 육아 품앗이는 원사 없이 아이들이 자연에서 마음껏 활동하게 양육한다는 차이가 있다. 숲 활동 육아 품앗이, 숲유치원 등 "자발적 가난"을 실천하는 이러한 교육방법들은 아이들이나 부모들의 인식을 변화시키는 매개체 역할을 하고 있는 셈이다.

일반적으로 편하게 걸을 수 있는 포장된 도로에 익숙한 아이들이 울퉁불퉁한 산길을 오르내리고, 돌부리가 튀어나와 있는 길에서 활동하는 것은 쉬운 일이 아니다. 하지만 "궁하면 변하고, 변하면 통한다"는 옛말처럼, 아이들은 새로운 환경에 적응해 가는 과정에서 다양한 지식과 지혜를 배우게 되고, 이러한 과정은 장차 어떠한 어려움도 극복할 수 있는 근본적인 힘을 기르는 바탕이 되며, 이는 곧 자아를 존중하는 마음을 형성한다. 자신을 사랑할 줄 아는 아이는 함부로 행동하지 않고, 긍정적인 사고를 지닌 인격체로 자라게 된다. 이러한 상호관계 속에서 공동체성과 사회성이 길러지게 된다. 초등학교에 진학한 자녀들에게서 예사롭지 않은 집중력과 인내력을 직접 경험했다는 내용은 본문에 실린 부모들의 글에서 쉽게 찾아볼 수 있다.

자연에서는 오히려 아이들이 부모들의 선생이다! 지금 젊은 부모들은 교실 밖에서 지식을 습득해 본 경험이 많지 않다. 따라서 대자연의 진리를 받아들일 수 있는 영성과 이해할 수 있는 창의력도 아이들보다 미흡할 수밖에 없다. 아이들과 같은 공간에서 자연을 경험하더라도 몸으로 체화하고 상상력으로 발현되는 부분에서는 나날이 크게 차이가 날 것이다. 이 교육의 효과가 탁월할 수밖에 없는 당연한 이유이다.

아니나 다를까, 이 책에는 숲 활동 육아 품앗이를 통해 교육관은 물론이거니와, 삶의 방식까지 바꾼 부모들의 진솔한 이야기가 담겨 있다. 부모가 바뀌어야 아이가 바뀐다. 교육에 대한 고민이 깊어지는 시대, 학부모들에게 이 책은 큰 울림이 될 것이다. 이 사회에 성찰 문화를 다시 복원해 내려는 '(사)나를 만나는 숲'이 계획하고 있는 번역서 출간 업무에서 가장 먼저 이 책을 선택한 이유이다. 고맙게도, 저자인 아이카와 아키코 선생도 법인의 근본 취지를 선뜻 받아 주셨다.

숲 활동 육아 품앗이에서 육체적, 정신적 변화는 아이들에게서만 일어나는 게 아니다. 제2장 "부모가 성숙해진다"에서는 부모들이 서로 친절한 사이를 넘어 믿고 의지하는 관계가 형성되는 모습이 담겨 있다. 아이들과 함께 숲 활동을 하면서 내 아이만이 아닌 여러 아이들로부터 믿음과 신뢰를 받게 되면서 부모들도 존재가치를 느끼게 되고 생각도 깊어진다.

오랜 시간 숲유치원을 포함하여 숲 교육을 연구하면서 "기다림의 교육"이라는 표현을 자주 사용하였다. 숲 활동 육아 품앗이에서도 부모들이 "기다림의 교육"이 무엇인지 왜 그래야만 하는지를 다양한 경험을 통해 스스로 깨우쳤다는 내용이 있다. 여기서 말하는 기다림이란, 아이들의 행동을 온건히 믿고 수용한다는 것이다.

이 책에는 진정한 가족공동체를 경험할 기회가 없었던 이 시대 부모들이 모여 아이들을 함께 키우고 가르치면서 새로운 교육관에 대해 논의하고, 발육 과정에 있는 아이들 먹을거리에 대한 중요성을 인식하며, 아이들이 누릴 사회와 환경 변화에 관심을 갖는 일련의 과정들이 녹아 있다. 그래서 더욱 소중하고, 귀감이 된다 할 것이다. 더군다나 일본에서도 몇 해 전부터 우리나라와 마찬가지로 숲유치원에 대한 관심이 매우 커지고 있고, 숲 활동 육아 품앗이 형태가 유아교육 전공자가 함께 참여하는 숲유치원으로 전환하는 경향이 두드러지고 있다고 한다.

국내에서도 숲유치원에 대한 사회적 관심이 높아지고 있는 이때에 학부모들과 보육사의 직접적인 체험이 담겨 있는 「흙에서 자라는 아이들」이 숲, 즉 자연에서 아이들이 마음껏 뛰어 놀며 활동하는 것이 "진정한 미래교육"이라는 확신과 믿음을 줄 것이라 기대해 본다.

인간에 대한 깊은 신뢰 속에서 자란 아이들

　'숲 활동 육아 품앗이'란, 어머니들이 함께 자연에서 아이들을 돌보며 가르치는 교육방식으로써, 일본에서는 자연주의 유아교육을 추구하는 어머니들이 수십 해 전부터 참여해, 지금은 전국적으로 널리 퍼져 있는 자연교육을 말한다.

　아이들은 제 또래들과 어울려 자연에서 활동함으로써, 자연의 위대함과 숭고함 그리고 인간에 대한 깊은 신뢰를 가진 사람으로 성장하는 데 크게 도움이 된다. 아울러 숲 활동 육아 품앗이는, 각 가정환경에 맞추어 어머니들이 보육사와 함께 아이들을 서로 돌봐줌으로써, 어머니들이 육아 스트레스에서 벗어나 자기계발이나 사회활동 등을 좀 더 자

유롭게 할 수 있다는 장점이 있다.

어머니의 사랑과 관심을 받지 못하고 자란 아이들이 대인관계나 사회적 능력이 떨어지고 정서적으로 문제를 겪고 있다는 연구 결과에서 알 수 있듯이, 부모 품에서 아이들을 키우는 것이 새삼 중요하게 부각되고 있다. 핵가족시대를 살아가는 수많은 맞벌이 부부들이 아이를 보육기관에 맡기는데, 이러한 육아 형태는 아이와 부모 사이에도 좋지 않은 영향을 주는 건 두말할 필요도 없을 것이다. 숲 활동 육아 품앗이는 여러 가정이 육아공동체를 이룸으로써, 현대사회가 잃어버린 마을공동체 기능을 담당할 뿐만 아니라, 아이들의 성장에 결정적인 영향을 끼치는 터전인 '가족'이라는 터전을 확장함으로써, 자라는 아이들에게 필요한 참된 인성교육의 장이 되고 있다.

'니카요시카이'(이하 '좋은 사이')는 자연에서 함께 아이를 키우기 위해 어머니들이 만든 모임이다. '좋은 사이'는 일주일에 두세 번, 아침 9시 반부터 오후 1시까지 자연에서 활동한다. 그러니까 특정한 원사院舎는 없다. 산이나 계곡, 바다 같은 자연이 곧 원사요, 놀이 공간이다. 아이들은 갈아입을 옷과 도시락이 든 가방을 메면 활동을 하기 위한 모든 준비가 끝난다. '좋은 사이'가 주로 활동하는 곳은, 도쿄에서 전철로 약 1시간 거리에 있는 가나가와 현 가마쿠라 시市이다.

'좋은 사이'에서는 전임 보육사 두 명이 만 한 살 아동 6명, 만 두 살 아동 10명 그리고 큰 아이 반인 만 세 살 아동 15명을 요일에 따라 돌본다.(만 한 살 아동은 화/금, 만 두 살 아동은 화/목, 만 세 살 아동은 화/목) 보육사와 함께 부모 두세 사람이 교대로 참가하여 아이들을 돌보는데, 요즘에는 아빠들도 곧잘 참여한다.

'좋은 사이'는 1985년에 시작되었다. 그때에는 논과 계단식 밭, 습지와 개울, 경사면에 있는 잡목림, 흙길 등 전원 풍경으로 가득 찬 야마사키 골짜기에서 아이들과 함께 흙투성이가 되도록 놀았다. 그 뒤 2007년, 야마사키 골짜기는 가마쿠라중앙공원으로 바뀌었다. 나무 사이로 구불구불하게 이어지던 산길은 잘 닦인 포장도로가 되고 습지는 잔디 광장이 되고, 광장 한편에는 공원 관리사무소가 생겼다. 자연 상태로 있던 골짜기가 현대식 공원으로 바뀌긴 했지만, 골짜기에 있던 계단식 논밭만은 시민활동의 성과 덕분에 많은 부분이 남아 있게 되었다.

현재 이곳에는 만 네다섯 살 아동을 포함한 숲 활동 육아 품앗이 모임이 더 생겼다. '좋은 사이' 엄마와 아이들은 가마쿠라 시에서 모임 장소로 제공한 주차장에 모여, 일정표에 따라 놀이터로 향한다. 놀이할 때, 아이들은 늘 옷을 얇게 입고 맨발로 뛰어노는데, 물에서 놀 때에는 대부분 옷을 벗고 논다. 엄마와 아이들은 산길과 들길, 바닷가를 함께 걸으며 작은 곤충이나 동식물을 만나고, 또 밭일을 함께하면서 작물을 수확하는 기쁨도 나눈다.

1990년대 중반 이후, 아이를 키우는 환경도 자연환경도 그리고 '좋은 사이' 상황도 어지러울 정도로 변했다. 저출산이 사회문제로 떠오르고, '단괴 주니어 세대'(1947~1949년의 제1차 베이비 붐 때에 태어난 세대의 자녀들)의 아이 키우기를 나라에서 제도로 지원하지 않는다면 나라 앞날이 위태로울 상황에 이르렀다.

그 일환으로 보육원에서 잠깐 잠깐 아이를 맡아 주거나, 출산 전후에 한시적으로 아이를 맡기도 하고, 각지에 아이 키우기 지원센터도 설립되었다. '좋은 사이'가 설립될 때에 견주면, 지금은 아이 키우기가 한결 나아졌을 것이다. 그러나 모자母子를 둘러싼 문제는 없어지지 않았고, 오히려 증가했다.

'좋은 사이'에서도 이혼 가정이 생기기 시작했다. 아동 학대에 해당하는 육아를 포기하는 충격적인 일도 발생했다. 노이로제에 걸려 모임에서 나가는 엄마도 생겼다. 마침내 '좋은 사이'도 스트레스가 만연한 사회 한가운데에 놓인 것이었다.

그러면서도 '좋은 사이'는 놀라운 성장을 이뤄왔다. 아이들이 자연속에서 건강하게 자라고 있는 것(제1장, 제4장)뿐만이 아니다. 1990년대에는 상상하지 못한 정도로 여러 가지 시민활동이 '좋은 사이' 출신 부모들의 활약에 의하여 정착되고 발전해 왔다. 아이 키우기를 매개로 부모가 성장하고, 더더욱 세상에 영향을 미쳐왔다.(제3장, 제4장)

지구 환경 문제나 핵위협 등 국경을 초월한 전 지구적 문제가 쌓여 있고, 모든 체제에 의심과 배신이 넘치는 단말마의 21세기에, 자연의 위대함과 숭고함 그리고 인간에 대한 깊은 신뢰 속에서 자란 젊은 세대의 활약은 한 줄기 빛과 희망이 될 것이다.

아이카와 아키코

차례

제1장 아이들이 자란다

제1장

아이들이 자란다

살아 있는 생물과의 만남

장수하늘소를 만나다

한 아이가 줄지어 기어가는 개미들을 발견하고는 가까이 다가갔다. 그 모습을 본 엄마가 "개미들이 같이 놀자고 하네" 하며 관심을 보이자, 다른 아이들도 걸음을 멈추고 쪼그리고 앉아 개미가 움직이는 것을 살펴보았다. 어떤 아이는 손가락으로 조심스럽게 개미를 건드려 보기도 했다.

몸집이 작고 움직임이 느린 벌레는 첫돌을 넘긴 만 한 살배기 아이가 편안한 마음으로 만날 수 있는 자연 속 생명이다. 엄마들이 아이들과 함께 개미를 찾으면, 아이들은 개미에 대해 더욱 관심을 갖기 시작한다. 날씨가 따뜻해지면서 쥐며느리도 보이기 시작하는데, 손으로 살짝 건드리면 몸을 동그랗게 마는 쥐며느리를 보고 아이들은 마냥 신기해한다.

오르막길을 오를 때에는 나무뿌리를 잡고 한 걸음씩 오르면서 벌레를 찾고, 내리막길을 내려갈 때에는 엉덩이를 땅에 대고 조심스럽게 내려가면서 풀꽃을 살핀다. 이렇게 해서 아이들은 이백 미터 남짓한 산길을 한 시간쯤 걸려 천천히 이동하면서 벌레하고 놀기도 하고 나무 열매나 낙엽, 꽃잎을 줍기도 한다.

산 아래 들판에 다다르니 숲에 가려 있던 하늘이 넓게 펼쳐져 가슴이

탁 트였다. 들판 풀숲에는 알에서 갓 깬 귀뚜라미며 메뚜기, 여치가 폴짝폴짝 뛰어다녔다. 아이들은 대부분 겁먹기보다는 풀숲에 사는 그런 벌레를 흥미롭게 살펴보았다.

한 엄마가 장수하늘소를 잡아 아이에게 보여주자 아이가 기겁하고 울음을 터뜨렸다. 얼추 어른 손가락만한 장수하늘소를 처음 본 만 한 살배기 아이는 무서워하며 도망가기도 한다.

장수하늘소를 가운데 두고 둘러앉아서 관찰하는 아이들 사이에 연대감이 생긴다. 장수하늘소를 잡고 있는 아이에게 저도 만져 보겠다고 "나도" 하며 손을 내미는 아이, "그래" 하고 장수하늘소를 건네주고는 즐거워하는 친구를 보며 행복해하는 아이, "싫어" 하며 등 뒤로 감추었다가 친구가 울음을 터뜨리니 비로소 건네주는 아이, 어떻게 반응하든

그러면서 아이들은 장수하늘소를 사이에 두고 서로 마음을 나누고 친밀해진다. 멀찍이 떨어져서 다른 아이들이 장수하늘소를 가지고 노는 것을 바라보기만 하는 아이도 있다. 하지만, 이런 아이도 이듬해가 되면 더는 벌레를 두려워하지 않고 손 위에 올려놓거나 만지게 된다. 아이들은 그러면서 자연과 조금씩 가까워진다.

거미를 만나다

오솔길에 반지름 십 센티미터쯤 되는 거미집이 생겼다. 그 거미줄 한가운데에 작은 거미가 자리 잡고 꼼짝하지 않고 있었다. 하지만 손가락으로 거미줄을 살짝 건드리면, 거미는 재빠르게 한쪽 구석으로 몸을 피했다. 아이들은 그런 거미의 움직임을 보며 무척 흥미로워했다. 그 뒤로는 길을 가다가 거미줄을 발견하면 관심을 가지고 거미를 살펴본다. 이렇게 어릴 때부터 벌레를 가까이하다 보면 나중에 커서 벌레를 싫어하거나 무서워하는 일이 없다. 벌레 또한 늘 사람과 함께 살아가는 존재임을 자연스럽게 알게 되어서다.
"벌레들아, 고마워!"

가축을 보러 가다

'좋은 사이'는 동물원에 가지 않는다. 아이가 아장아장 걸어 다니는 나이일 때는 자연에서 작은 생물들을 보고 만지면서 놀고, 좀 더 자라서 큰아이 반으로 올라가면 가축을 구경하러 간다. 가축이 사람에게 어떤 도움을 주는지 보고 배우기 위해서다. 가마쿠라 시에서는 초등학교나 절에서 키우는 염소나 닭 말고는 가축을 보기 어려워서, 가까운 후지사와 시에 있는 양돈장과 목장으로 간다.

돼지를 보러 갈 때면 아이들은 양돈장에 채 도착하기도 전에 "으아, 냄새!" 하며 코를 막는다. 아이들은 양돈장에서 씨돼지로 키우는 암퇘지와 갓 태어난 새끼 돼지를 보았다. 양돈장을 둘러본 뒤에 아이들과 둥그렇게 둘러앉아 저마다 준비해 온 도시락을 먹었다. 밥을 먹으면서 아이들에게 물어보았다.

"아까 우리가 본 돼지들은 앞으로 어떻게 될까?"

아이들은 그 돼지들이 도축되어 우리 밥상에 음식으로 오른다는 것을 인식하지 못한다. 냉장고에 재여 있는 돼지고기와 조금 전에 본, 살아 있는 돼지를 연결하기란 쉽지 않다. "우리가 지금 먹고 있는 이 고기가 아까 본 그 돼지예요"라고 얘기해 보았다. 돼지는 강렬한 똥 냄새와 함께 아이들 기억에 남을 것이다. 그 기억이 뒷날 그들이 음식에 대해서 생각할 때 도움이 되기를 바란다.

몇 주 뒤에 소를 키우는 목장에 갔다. 그곳에서 우유를 마시면서, "지금 마시고 있는 우유가 아까 우리가 본 소한테서 얻은 젖이에요" 하고 말해 보았다. 이때는 이해하기가 쉬웠는지 아이들은 그런대로 알아들었다는 표정을 지었다.

좋아하게 되는 것도 싫어하게 되는 것도 어른 하기 나름이다

숲에서 뱀을 보고서 "꺅!" 하며 비명을 지르는 엄마 모습과 함께 평소 집에서는 바퀴벌레를 잡으려고 혈안이던 엄마 모습을 아이들은 기억한다.

앵앵 소리를 내면서 자기 주변을 날아다니는 모기가 성가신 존재라는 것은, 어른들이 굳이 일러 주지 않아도 아이들은 느낀다. 송충이 같은 벌레를 보면서 "만지지 않는 게 좋아" 하고 가르치면, 아이는 "만지면 안 돼!"라고 친구들에게 얘기한다.

부모가 자연을 어떻게 인식하고 뭇 생명을 어떤 태도로 대하느냐에 따라 자연에 대한 아이들의 인식과 태도는 크게 달라진다. 부모가 뱀을 봐도 놀라지 않고, 모기가 날아다녀도 신경 쓰지 않으면, 아이들은 다른 생물과 더불어 사는 삶을 있는 그대로 받아들이게 된다.

어른들이 뱀을 보며 비명을 지르고, 집 안에 살충제를 뿌려 대고, 모기약을 발라 가며 호들갑을 떠는 동안에도 정작 아이들은 모기에 물려도 신경 쓰지 않는다. 산길을 가며 모기에 물려 살갗이 부어올라도 시간이 조금 지나면 깨끗이 사라져 아무렇지도 않다. 아이들은 신진대사가 활발하기 때문이다. 또 산에는 아이들이 흥미로워할 것이 많기 때문에 모기 따위에 신경 쓸 겨를이 없다.

등산객이 산길에서 만난 아이한테 "아이고 저런, 모기한테 물렸구나" 하는 따위의 말은 건네지 않으면 좋겠다. 어른들의 이러한 부적절한 태도가 아이들에게 벌레나 작은 생물에 대해 그릇되거나 한쪽으로 치우친 인식을 심어 주기 때문이다. 모기에 물려도 그다지 신경 쓰지 않던 아이가 어른들이 무심히 던지는 그런 말 한마디에 모기나 벌레에 대해 나쁜 선입견을 갖게 되기 십상이다.

가짜는 무서워

'좋은 사이' 아이들이 가장 무서워하는 것은 사람이 안에 들어가서 움직이는 동물 캐릭터 인형들이다.

'좋은 사이' 아이들은 좀처럼 도심 번화가나 유원지에는 가지 않아서 그런 동물 캐릭터 인형을 대할 일이 없다. 그리고 아이들은 '움직이는 것'은 사람과 벌레와 새 같은 동물이라고 경험으로 알고 있다. 그리고 그 움직이는 동물들은 표정이 있다. 웃고 찡그리는 표정에서 아이들은 감정을 느낀다. 그런데 사람이 안에 들어가서 움직이는 인형들은 팔을 흔들고 걷고 하며 몸을 움직이기는 하지만, 진짜 살아 있는 것은 아니어서 눈꺼풀을 깜빡이거나 입을 움직이거나 하지 않는다. 그래서 아무리 웃고 있는 모양이어도 아무런 표정도 느낄 수가 없다. 그처럼 아무 표정 없는 동물 인형이 자기를 향해 걸어오면, 큰아이 반 만 네 살배기 아이도 무섭다며 큰 소리로 울기 시작한다. 그 동물 캐릭터가 괴물로 보이기 때문이다.

도시에 사는 아이들은 동물 캐릭터 같은 인공적인 것에 아주 익숙하다. 자연에서 자란 '좋은 사이' 아이들의 울음소리는 어쩌면 그런 현대 사회를 향한 경종일는지도 모르겠다.

잠자리 조련사, 아이카와 선생

도토리 같은 나무 열매를 주우며 산길을 내려갔다. 거미줄을 발견한 아이들이 걸음을 멈추고 신기해하며 소리를 질렀다. 조금 더 내려가자 눈앞이 확 트이면서 들판이 펼쳐졌다. 들판에 수많은 잠자리가 날고 있었다. "잠자리야, 잠자리야…." 아이카와 선생이 노래를 부르며 손가락을 치켜세우자, 거짓말처럼 잠자리가 손가락 위에 내려앉았다. 마법사라고나 할까, 아이카와 선생은 마치 잠자리를 마음대로 부리는 잠자리 조련사 같았다. "아이카와 선생님 모자 위에도 있네!" 하고 말하는 스즈카 머리 위에도 잠자리가 앉아 있었다.

22기 유미코

일상생활에 밀접한 가축들을 만나다

돼지를 키우는 양돈장을 견학하던 날, 아이들은 냄새 난다고 코를 틀어막으면서도 돼지를 좀 더 가까이에서 보려고 고개를 쑤욱 내밀었다. 시끄럽게 떠들면 돼지들이 흥분하기 때문에 아이들은 되도록 조용하게 보려고 노력했다. 마침갓 태어난 새끼 돼지도 볼 수 있었다. 아이들은 이 돼지들이 앞으로 어떻게 될지 모른다. 그때 리카코가 "고기가 되는 거야!"라고 말했다. 그러자 남자아이들이 "불쌍하잖아!" "리카코, 너무해!" 하고 리카코를 다그쳤다. 이를 지켜보던 아이카와 선생이 "그럼, 이제 너희는 돼지고기를 못 먹겠네!"라고 했다. 우리에 갇혀 살아가는 동물원의 동물들을 구경하는 것과 달리, 우리 생활에 직접 관련된 가축을 만나는 것이 아이들에게 더 도움이 되는 일이라고 느꼈다.

15. 17기 도모미

뱀이 졸린 걸까?

노아가 풀숲에서 뱀을 발견했다. 봄이 되어 날이 따뜻해지자 활동을 시작한 모양이다. 노아는 자기가 뱀을 발견해서 흥분한 듯 무척 흥미로워했다. 요우카는 눈을 말똥거리고 나쯔토와 카이토는 겁을 내며 엄마 뒤에 숨어서 고개만 쏙 내밀었다. 뱀은 겨울잠에서 갓 깨어나 아직 기운이 없는지 잘 움직이지 않았다. 누군가 막대기로 살짝 건드리자 그때야 느릿느릿 움직이기 시작했다. 나쯔토와 카이토가 서로 마주 보며, "아직 졸리나 봐." "그런 것 같지?" 하더니 고개를 끄덕인다.

21. 22기 토오코

호기심을 이길 만한 것은 없다

쫓고 쫓아도 떼 지어 몰려드는 수많은 모기. 하루토는 물린 데가 가렵다고 쪼그리고 앉았다. 그러자 유메가 저도 팔을 긁으면서 "걸으면 모기가 달라붙지 않아!"라고 말했다. 그 말을 들은 소우이치가 앞장서서 걷기 시작했다. 다른 아이들도 뒤따라 씩씩하게 걸었다. 그러다가 땅바닥에서 뭔가를 발견하고는 또 다 같이 쪼그려 앉아서 바라보기 시작했다. 아이들 호기심을 이길 수 있는 것은 없는 모양이다.

23기 아키코

오감이 발달한다

진짜를 가려낸다

"백 번 듣는 것보다 한 번 직접 보는 것이 낫다"는 격언은 무엇보다 자라는 아이에게 꼭 맞춤한 말이다. 아이들은 보고 기억하고, 따라 하면서 배우고 익힌다. 그러면서 자기 세계를 넓혀 나간다.

만 한 살에서 두 살 사이의 아이들은 아직 시각이 완전히 발달하지 않아서 몇 미터밖에 되지 않는 좁은 시야 안에서 활동한다. 어른들이 멀리 펼쳐진 바다를 바라보며 감탄할 때, 아이들은 자기 발밑에서 지나가는 개미를 본다. 아이들은 눈높이가 낮기 때문에 대부분 바닥을 기어가는 벌레나 바람에 흔들리는 풀과 꽃에 눈길이 가 있다. 그리고 바로 앞에서 웃고 있는 친구 얼굴이나 주변 어른들의 표정에도 관심을 기울인다.

자연을 자주 만나고 실제로 일어나는 사실을 자기 눈으로 직접 보는 기회가 많으면 많을수록, 아이는 무엇이 진정한 것인지를 제대로 식별할 수 있는 능력을 저절로 갖추게 된다.

아이들 귀는 초능력 귀

자연에서 활동할 때, 아이들한테서 조금 떨어져 엄마들끼리 서로 수다를 떨기도 한다. 그럴 때 엄마들은 아이들이 전혀 듣지 못하는 줄 알다가, 가끔씩 아이들이 엄마들 말에 반응하면, "어! 듣고 있었니?" 하며 놀라곤 한다. 아이들 귀는 생각보다 밝다.

자연에서 생활하는 아이들은 산골짜기 사이사이에서 들려오는 곤충 울음소리, 벌레 날갯짓 소리, 낙엽 구르는 소리, 바람에 나뭇잎 스치는 소리 같은 다양하고 섬세한 소리를 듣고 느낀다. 산에서 휘파람새 소리를 몇 번 듣다 보면, 휘파람새가 어떻게 생겼는지는 몰라도 그 새소리와 산골짜기의 봄을 연결하여 기억한다.

언젠가 한 아이가 개구리를 보여 주면서 "논에서 개구리가 울고 있어요!"라고 말하는 것을 본 적이 있다. "누가 내는 소리지?" "무슨 소리일까?" 하며 자연에서 들려오는 소리에 귀 기울이는 아이들은 그 소리를 내는 동물들의 이름과 생태 습성은 몰라도 소리만큼은 알아듣는다. 갓 태어난 갓난아기가 엄마 목소리에는 귀를 기울이고 반응하지만, 기계 소리에는 아무런 반응을 보이지 않는 것도 같은 이치다.

맛보는 것은 즐겁다

걸음마 단계에 있는 아이들은 미각이 완전히 발달하지 않아서 맛의 미묘한 차이를 느낄 수 없다고 한다. 단맛이나 짠맛은 식별할 수 있지

둥둥 떠내려 온 해초는 맛있다

만, 신맛, 쓴맛, 매운맛 들은 막연히 기분 나쁜, 멀리하고 싶은 맛으로 뭉뚱그려 느낀다. 하지만 산에서 오디나 버찌, 산딸기 따위를 먹어 본 아이들은 빨간 열매는 맛있다는 것을 자연스럽게 알게 된다. 그래서 빛깔은 붉지만, 아무 맛도 없는 뱀딸기도 맛있다고 먹는다.

미각이 발달하기 시작한 아이에게는 엄마 역할이 특히 중요하다. 엄마가 "맛있네!" 하고 즐겁게 먹는 모습을 보여 주면, 아이도 덩달아 맛있게 먹게 되고 그러면서 차츰 음식 맛을 느끼고 익히게 된다. 엄마가 참마 싹을 씹으면서 "힘이 부쩍 솟는 걸!" 하고 말하면, 아이도 참마 싹을 먹으면서 힘이 솟는다고 느낀다. 아무리 몸에 좋고 맛있는 음식이라도, 음식을 대하는 사람의 마음가짐이 더 중요하다. 아이와 함께 음식을 먹을 때, 엄마는 편안하고 즐거운 마음을 가져야 한다. 먹는 것은 즐거운 일이고, 즐거운 마음으로 음식을 먹어야 몸에도 좋은 법이다.

아이들은 자연에서 활동하면서 자연이 베푸는 먹을거리를 만난다. 그러면서 자연 그대로의 맛을 알게 된다. 바다에서는 해변으로 떠밀려 온 해초를 주워 먹기도 하고, 손에 묻은 바닷물을 핥아 먹기도 한다. 들에서는 싱아 줄기 부분의 새콤한 즙을 빨아 먹으면서 목마름을 달랠 줄도 안다. 이른 봄에는 자주광대나물꽃 아랫부분에 있는 꿀을 빨아 먹고, 그 맛이 제 입에 맞으면 근처에 있는 다른 꽃들을 뜯어 맛보기도 한다.

먹을 수 있다는 것을 알아채자마자 곧바로 먹는 아이와, 엄마가 만든 먹을거리가 아니면 입에 대지도 않는 아이는 경험에서 큰 차이를 띤다. 후자에 속하는 아이도 물론 자연에서 활동하면서 자연스럽게 달라진다. 어릴 때부터 다양한 맛을 경험하고, 무엇보다도 자연의 맛에 익숙한 아이들은 인스턴트 음식 맛을 쉽게 받아들이지는 않는다. 그러나 인스턴트 음식에 길들여진 아이들도 자연 속에서 활동하다 보면 차츰차츰 자연의 맛에 적응하게 된다.

만지는 것은 즐겁다

보통 우리는 좋은 맛을 느끼면 얼굴에 저절로 웃음을 띤다. 거꾸로 이상한 맛을 느끼면 곧바로 얼굴을 찌푸린다. 웃음을 띠는 것도 찌푸리는 것도 사실은 얼굴에 나타난 마음 상태이니, 미각은 우리 감정과 연결되어 있음을 알 수 있다. 맛보는 것만큼, 만지는 행위도 우리 감정이며 감성과 긴밀하게 연결되어 있다.

아이들에게는 무엇이든 만져보고 싶어하는 본능이 있다. 아이들은 만지는 행위를 통해 사물을 인식해 나가고 감성을 풍부하게 키워 나간다. 이를테면, 나무둥치를 잡고 기어오르고 하다 보면 나무 표면이 한 해 내내 부드러운 질감과 일정한 온도를 유지하고 있음을 알게 된다. 나뭇잎을 직접 만져봄으로써 어떤 나뭇잎이 부드럽고, 어떤 것이 딱딱하고, 어떤 것이 거칠거칠한지 알게 되고, 또 어떤 것이 만지면 손이 아픈지도 알게 된다. 그러다 보면 어떤 나뭇잎이 콧물을 닦기에 적당한지도 판별할 수 있다. 메뚜기를 살짝 쥐어 봄으로써, 메뚜기가 꿈틀거리

뽕나무의 열매인 오디를 먹으러 나무 위에 오르다

는 것을 느끼게 되고 메뚜기 다리가
손바닥을 디디는 느낌도 알게 된다.
나무 열매를 꽉 쥐면 열매가 터져
손이 물들기도 하고 끈적거리기도
한다. 아이들은 이런 촉감을 통해서
좋다거나 싫다거나 징그럽다거나
따뜻하다거나 부드럽다거나 하는
여러 가지 느낌을 배우게 된다.

동물이든 식물이든 또 돌멩이 같은 무정물이든 직접 만져 보며 자연
과 다양하게, 풍부하게 접촉할수록 좋다. 그럴뿐더러, 아이들끼리도 서
로 자주 접촉하면 좋다. 아직 말문이 트이기 전이나 외동아이인 경우,
다른 아이 볼을 만지거나 때림으로써 자기 관심을 나타내는 예가 있다.
먼저 상대방을 만지면서 확인하는 것이다. 그러는 과정에서 어떻게 만
지느냐에 따라 상대방이 기뻐하기도 하고 싫어하기도 한다는 것을 배
우게 된다.

추울 때에는 서로 몸을 밀착하는 것이 체온을 따뜻하게 유지할 수 있
음도 알게 된다. 따뜻하게 하려면 친구들이 많이 모여 있을수록 좋고,
그 보온 효과도 높다는 것을 저절로 알게 된다. 아이들은 그런 접촉을
통해 친구들과 마음을 나누게 된다.

그렇기 때문에 아이가 어릴 때에는 규칙이 정해진 운동은 시키지 않
는 것이 좋다. 그런 운동은 대부분 신체 접촉을 반칙으로 보기 때문이
다. 그런 운동 규칙들은 일상생활에서 필요 없기도 하거니와, 어른들이
만든 규칙 안에 아이들을 가두는 것이라서 좋지 않다.

물과 진흙의 감촉이 최고

아이들에게 촉감을 느끼게 하기에는 물과 진흙만한 것도 없다. 특히 흐르는 개울물의 감촉은 말할 수 없이 좋다. 아이들은 제 다리나 몸통으로 흐르는 개울물을 느끼고, 흐르는 물결을 손바닥으로 만져 보면서 논다. 개울물에 얼굴을 씻는 아이도 있고 물장구치는 아이도 있다. 바다에서는 해변에 앉아 두근거리는 마음으로 파도가 밀려오는 것을 바라보다가, 파도에 몸을 맡겼다가 엎어지면서 온몸이 모래투성이가 되기도 한다. 아이들이 웬만큼 물과 모래에 적응했다 싶으면 골짜기에 있는 물웅덩이로 간다. 아무리 무더운 날씨라도 산골짜기는 나무 그늘이 짙어 시원하다. 골짜기에서 물이 있는 곳까지 내려가면 모기는 아예 보이지도 않는다.

아이들을 데리고 웅덩이에 도착해 보니, 웅덩이가 질척질척한 늪지로 바뀌어 있었다. 쓰러진 나무를 다리 삼아 "징검다리 건너가자, 건너가자" 하고 노래를 부르며 한 사람씩 건너갔다. 산에 온 기념으로 주운 나뭇가지를 쥐고 가다가 그만 균형을 잃고 늪 속에 푹 빠지기도 했다. 늪에 처음 빠지면 엉엉 우는 아이도 있다.

큰아이 반 아이들은 "아차!" 하고 수줍은 듯 웃으면서, 진흙이 묻은 신발을 신고 그대로 나아갈지, 맨발로 걸어갈지를 스스로 결정한다. 앞장서서 가는 친구 모습을 보고, 뒤따라가던 아이들은 땅이 말라서 걷기 쉬운지, 질척거려서 빠지기 쉬운지를 판단한다. 또 늪에 빠지기 전에 아예 신발을 미리 벗어 가방이나 빨래 주머니에 넣는 아이도 있다. 늪

이나 물웅덩이를 건널 때 이렇게 아이들마다 달리 행동한다. 이런 과정을 거치면서 아이들은 늪에 다리가 빠지지 않게 걷는 방법을 자연스레 익힌다.

지난해 여름부터 맨발로 걸어 다니는 체험을 해 온 터라서, 얼음이 얼기 전까지는, 신발이 젖거나 진흙이 묻어 무거워지면 아이들은 시키지 않아도 바로 맨발로 걷는다. 이런 활동을 하면서 아이들은 임기응변과 결단력을 키우게 된다.

냄새를 맡는 것은 즐겁다

냄새는 기억의 깊숙한 곳에까지 스며든다. 그렇게 저장된 냄새는 오랜 세월이 흐른 뒤에 그날의 기억과 함께 불쑥 되살아난다. 냄새는 특별히 의식하지 않더라도 뇌에 저장되기 때문에 어린 시기에 자연의 여러 가지 냄새를 맡아 보는 경험이 필요하다.

산골짜기에서 나는 이른 봄의 풀 냄새, 흙냄새, 짐승들의 똥 냄새, 향긋한 꽃향기……, 자연에는 도시에서는 맡을 수 없는 다양한 냄새가 있다. 자연에서 자연의 냄새를 맡으며 자란 아이는 진짜인지 아닌지를 냄새로 가려낼 수 있는 능력을 지니게 된다.

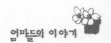

엄마보다는 산딸기

아이카와 선생이 "산딸기가 있네!"라고 말하자 슈우마가 잡고 있던 엄마 손을 놓고 어느새 산딸기를 먹으려고 달려갔다. 그 뒤로 좀처럼 엄마 손을 잡으려고 하지 않았다. 기쁘기도 하지만 한편으로는 섭섭하기도 한 이 복잡한 마음이라니!

20, 23기 미쯔에

신기한 모양이 보인다

무리지어 자란 조릿대 수풀에서 이슬방울이 떨어지는 것을 보고 "비야, 비야!" 하며 놀고 있었다. 그때 다이키가 "이것 좀 봐!" 하며 손가락으로 가리켰다. "하아" 하고 입김을 불자 조릿대 사이로 스며든 햇살에 얼룩얼룩한 신기한 모양이 생겼다. 그것을 보고서 너도나도 "하아, 하아" 하고 입김을 불었다.

13, 15기 이사무

무언가 울고 있어요

공터에 다다르자 소라가 멈춰 서서 "무슨 소리지?" 하고 물었다. 내게 들리는 소리라곤 자동차 소리뿐이었다. 그런데 다시 "뭔가가 울고 있어요!"라고 말했다. "어, 정말?" 풀숲에 귀를 기울이니 정말로 '지이… 지이…,' '윙윙…,' '찌르르 찌르르…' 하는 여러 가지 벌레 소리가 들려왔다. 처음에는 도시 소음에 묻혀 잘 들리지 않았지만, 벌레 소리가 점점 선명하게 들리기 시작했다. 도시 소음 속에서도 벌레 소리를 식별해 내는 아이의 능력에 감탄할밖에!

21, 23기 도시미

차이를 아는 아이

유스케에게 우물물을 마시라고 주었더니, 한 모금 들이키고선 "달콤해!" 하고 해맑게 외친다. 어린아이가 물맛의 차이를 아는 것이 무척 놀랍고 대견하였다.

17, 19, 23 유카

자연은 맛있다

아이들이 저마다 손에 싱아를 한 줄기씩 들고 있었다. 카이토와 노아는 잎과 뿌리가 다 붙어 있는 싱아를 통째로 들고 씩씩하게 돌아다녔다. 몇몇 아이들은 다리 밑으로 내려가 뱀딸기를 찾아다녔다. 노아는 벌써 뱀딸기를 두 손 가득 들고 있었다. 울상을 짓던 아유카도 딸기의 유혹에 못 이겨 다리 밑으로 내려갔다. 스즈카가 자기가 딴 딸기를 아유카에게 주자 바로 한입에 먹었다.

21기 나오코

뽕나무 열매 따기의 명수

아이들과 함께 오디를 따러 갔다. 모에도는 자기 혼자 힘으로 열매를 따는 기쁨을 아는 듯했다. 제대로 잘 익은 검은 오디를 용케 찾아 입에 넣고 있었다. 노아는 어느새 오디 따기 명수가 되었나 보다. 나뭇가지를 제 앞으로 끌어당기고서 손도 대지 않고 열매를 따 먹었다. 그렇지! 그러면 손에 물이 들지 않지.

20기 이즈미

바닷말을 주워서 바로 먹다니!

놀랍게도 아이들은 바닷말도 좋아했다. 먹보인 소라가 손에 대황(다시마와 비슷한 바닷말)을 들고 있었다. 충격이었다. 해초를 주워서 바로 먹다니! 처음에는 먹는 척만 할 줄 알았는데 '오도독' 소리를 내며 잘도 먹었다.

22기 유미코

그 자리에서 국을 만든다

돌 사이에 우뭇가사리가 있는데 그 돌을 뒤집으니 고둥이 붙어 있었다. 점심 국거리를 하려면 미역이 필요하다고 했더니, 다들 미역을 줍느라고 정신이 없었다. 끓는 물에 손으로 잘게 찢은 미역을 고둥과 함께 넣고 간을 맞추어 뚝딱 만든 미역국, 순식간에 바닥났다. 가린과 가즈유키는 아예 냄비를 끌어안고서 자잘한 고둥까지 깨끗하게 먹어 치웠다. 국물 한 방울까지도 남김없이 먹은, 정말 맛있는 점심이었다.

22기 타카코

관심을 끄는 것을 만져 본다

풀잎에 민달팽이가 지나간 흔적을 발견하더니 나쯔토와 노아가 만져 본다. 손에 끈적거리는 점액이 묻자 둘 다 손을 뗀다. 호기심이 많은 아이들은 어떤 작은 것이라도 예사로 넘기는 법이 없다. 관심을 끄는 것은 거의 반드시 손으로 만지고 느껴 본다. 그렇게 세상을 하나씩 배워 나간다.

21기 에쯔코

비가 와도 좋아요

비가 오는 날, 아이들은 비옷에 달린 모자가 거추장스러운지 모자를 등 뒤로 벗어 버린 채로 젖은 흙으로 열심히 진흙 경단을 만들었다. 나쯔토가 나를 보며 배시시 웃더니 진흙 경단을 던졌다. 진흙 경단은 작은 포물선을 그리며 내 앞에 떨어지더니 납작해졌다. 그 모양이 재미있었는지, 아이들이 너도나도 진흙 경단을 던지며 놀기 시작했다.

비가 온다고 나가기 싫다거나 이것저것 걱정하는 것은 어른들뿐이다. 아이들은 비가 오면 비와 함께 놀고, 눈이 오면 눈과 함께 논다.

21기 케이코

얼음도 맛있다

아이들이 맛있게 얼음을 먹고 있었다. 얼음에 흙이 묻어 있어도 크게 신경 쓰지 않았다. 첫아이를 '좋은 사이'에 맡길 때에는 그런 아이들 모습에 놀랐지만, 지금은 흙이 조금 묻어 있어도 "괜찮아, 뭐 어때" 하며 개의하지 않는다.

겨울이 되자 연못에 기다리던 얼음이 얼었다. 아이가 "내가 먼저!" 하고 외치며 얼음을 잡으려다가, 연못에 빠질까 봐 좀처럼 가까이 다가가지 못한다. "잡아 주세요!" 하고 손을 내밀지만, "혼자서 해 봐!" 하고 내버려 둔다. 아이는 울상을 하고서도 온힘을 다해 손을 뻗는다. 마침내 얼음을 따는 데 성공한 아이 얼굴에 기쁨이 가득하다. 아이가 신이 나서 얼음을 먹다가 너무 차가운 나머지 얼음을 놓아 버린다. 땅에 떨어져 깨어진 얼음을 보고 울먹이더니, 결국 울음을 터뜨리고 만다. 잠시 뒤 울음을 그치더니 다시 얼음을 구하려고 연못으로 다가간다. 그 모습이 참으로 기특하다.

15, 17, 21기 아사미

처음부터 맨발로 가면 되잖아

다쯔노리는 늪지를 다 건너가자 신주머니에서 신발을 꺼내서 신었다. 신타, 유우나, 카난도 늪지를 건너가기 전에 미리 신발을 벗어 들고 맨발로 건너갔다. 신발을 신은 채로 늪지를 건너간 아카리는 신발이 더러워졌다고 울고 있었다. 카난이 딱 부러지게 한마디했다. "처음부터 맨발로 가면 되잖아."

18, 19기 미유키

남기지 않고 먹는다

우는 아이도 울음을 뚝 그치는 도시락 시간이다. 작은아이 반의 점심 시간은 조금 이른 편이다. 아이들은 늘 같은 장소에서 제 또래 친구와 함께 점심을 먹음으로써 마음으로 편안함을 느낀다. 그래서 늘 다니는 산골짜기 공터에 다다르면 주먹밥과 도시락을 먹자고 보채고는 한다. 각자 메고 온 가방에서 도시락 주머니를 다 꺼내 놓자, 어떤 아이가 나서서 도시락을 건네주는 역할을 맡아 한다. 그러자 울던 아이들도 울음을 그치고 자리 까는 것을 돕는다. 점심을 먹기에 앞서 다 함께 책을 읽거나 노래를 한다. 엄마 무릎에 앉아 노래를 부르고 나서, "잘 먹겠습니다!"라고 다 함께 씩씩하게 외치고 먹는다.

어른 엄지손가락만한 주먹밥 한두 개와 호박 두어 조각이 든 도시락을 깨끗이 비우고 나자 아이들은 의기양양해했다. 도시락에 싫어하는 까치콩이 든 것을 보고 곤혹스러워하는 아이도 있다. 먹다가 남긴 도시락이 있으면, 다른 아이에게 줘서 그날 가지고 온 도시락을 깨끗하게 비운다.

밥을 잘 먹는 아이들은 제 밥을 잽싸게 먹고 나서, 남은 밥이 없는지 두리번거린다. 밥을 남긴 아이한테 "다른 사람한테 먹어 달라고 할까?" 하고 어른이 물어보기가 무섭게, 날렵하게 뻗는 손들. 그런 아이들을 보면서 '그렇게 맛있나?' 하는 표정으로 자기가 남긴 당근이나

까치콩을 다시 먹어 보는 아이도 있다. 주먹밥은 아이들이 골고루 먹을 수 있도록 나누어 준다.

어린 아이가 밥풀 묻은 손을 닦아 달라고 어른한테 내밀면, "핥아 먹어야지" 하며 큰 아이가 타이른다. 도시락에 밥알이 남지 않도록 깨끗이 먹는 습관을 들이는 것이 좋다.

밥을 먹으면서 얼마든지 얘기하고 장난쳐도 되지만, 일어나서 돌아다니지는 못하게 한다. 점심시간은 다 함께 둥글게 모여 앉아 얼굴을 마주하는 유일한 시간이어서, 먹는 것보다 친구하고 얘기하는 것을 더 좋아하는 아이도 있다. 그런 아이들은 밥 먹는 것은 잊어버리고 익살을 떨거나 웃기에 바쁘다. 그러다가, 친구들이 밥을 다 먹고 도시락을 정리한 뒤에야 허둥지둥 서둘러 밥을 먹기도 한다. 정해진 시간 안에 먹으면 되기 때문에 그런 아이들을 나무라지는 않는다. 하지만 큰아이 반에서는 "빨리 돌아가지 않으면 시간에 늦어요!" 하고 서두르게 될 때도 있다.

다 먹은 뒤에 도시락을 정리하는 것을 귀찮아하며 꼼짝하지 않는 아이도 있는데, 그럴 때에는 누군가가 대신 도시락을 정리해 주기도 한다. 아이들은 다른 사람을 돕는 것도 즐거운 놀이로 여긴다. 언니나 오빠가 다른 아이를 돕는 것을 보고, 걸음마 잡이 한 살배기 아이도 따라서 거들기도 한다.

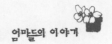

엄마들의 이야기

먹다가 흘린 것을 줍다

아이가 '좋은 사이'에 들어가고부터 먹다가 흘린 것을 줍고, 손에 묻은 밥풀도 깨끗하게 핥아 먹는 습관이 생겼다. '좋은 사이'에 다니지 않는 다른 아이 집에 놀러 갔을 때, 아이가 흘린 밥풀을 주워 먹자 친구가 "먹지 마, 더러워" 하고 말렸다. 아이가 비록 음식을 소중하다고 여겨 한 행동은 아니겠지만, 나중에 두 아이가 자란 뒤에는 음식에 대한 생각이 크게 차이 나지 않을까 싶었다.

23기 아키

다 함께 채소를 썰다

밭에서 따온 까치콩, 피망, 토마토 따위를 흙을 씻어 냈다. 더불어 손도 씻을 수 있으니 일석이조다. 아이들은 진지한 얼굴로 정성스럽게 제가 맡은 채소를 썰고 있었다. 아이카와 선생이 휴대용 가스버너를 가져와 음식을 만들 준비를 했다. 채소가 살짝 부족한 듯했지만, 부족하면 부족한 대로 나누어 먹으면 된다. 아이들은 반으로 자른 오이를 서로 돌려 먹으면서 된장찌개가 끓기를 기다렸다.

19, 23기 시노

갓 딴 완두 꼬투리

아이들 모두 모여서 푸르고 싱싱한 완두 꼬투리를 똑똑 땄다. 큰 자루에 금세 완두가 가득 찼다. 완두를 날것인 채로 바로 먹어 보았다. 무척 맛있었다. 조금 뒤에 아이카와 선생이 갓 딴 완두 꼬투리를 삶아서 내왔다. 아이들도 엄마들도 뜨거운 완두콩을 꼬투리째로 후후 불어가며 먹었다. 완두를 삶으니 단맛이 한층 더했다. 한 자루 가득하던 그 많던 완두 꼬투리가 눈 깜짝할 사이에 사라졌다.

21기 에쯔코

아이들의 칼솜씨에 가슴이 조마조마

수확한 가지와 피망을 씻은 뒤에 바로 썰었다. 아이 아빠는 아들이 칼을 쓰는 모습을 보며 안절부절 어쩔 줄을 몰라했다. 우리 부부는 조마조마 가슴을 졸이며 아이를 지켜보았다. 위태로워 보이는 손놀림을 보고 몇 번이나 나서서 도와주려다 멈추곤 했는지 모른다. 결국 아이는 혼자 힘으로 채소를 다 썰었다. 칼쥐는 방법도, 채소를 잡는 방법도 따로 가르쳐 준 적이 없는데, 다른 아이들이하는 것을 보고 배웠는지, 그저 놀라웠다.

19, 21기 마키

물고기가 먹이를 보고 모여들 듯

깻잎과 비슷한 차조기 잎 튀김과 함께, 가지와 피망을 넣은 된장 볶음이 나오자마자 아이들이 너도나도 하고 달려들었다. 그 모습이 마치 연못의 물고기가 먹이를 보고 한곳으로 몰려드는 모습과 흡사했다. 어찌나 서로 앞다투어 몰려들었는지 음식이 보이지 않을 정도였다. 아이들은 된장 볶음 접시에 남아 있는 양념까지 손으로 닦아 깨끗이 먹어치웠다.

22기 유미코

옥수수 한입 가득 달콤해

아이들이 차례대로 옥수수를 땄다. 옥수수 줄기에서 우지직 소리가 나는 순간 한 아이가 옥수수를 높이 들고 기쁘게 소리쳤다. "땄다!"
옥수수를 딴 아이들은 적당한 곳에 자리 잡고 앉아 말도 없이 열심히 껍질을 벗겼다. 그때 아이카와 선생이 외쳤다. "와, 달콤해!" 그러자 아이들도 한입, 엄마들도 한입. 달콤하고 싱싱한 옥수수 맛에 모두가 행복해했다.

24기 아미

가을 향기 나는 군고구마

작은아이 반에서 수확한 브로콜리는 알맞게 삶아 된장 양념을 해서 무치고, 아이들이 썬 무와 토란으로 뭇국을 만들었다. 카이토가 도시락을 누구보다도 재빨리 먹고 나더니 긴 막대기로 모닥불에 있는 큰 고구마를 찔러 보았다. 노아와 기요타카도 고구마를 찌른 막대기를 높이 쳐들었다. 군고구마에서 김이 모락모락 올라왔다. 군고구마를 후후 불어가며 맛있게 먹는 아이들 모습에서 행복을 느꼈다.

21기 케이코

자기가 수확하면 잘 먹는다

무성한 잎을 치우고 줄기를 뽑아 들자 큰 고구마가 주렁주렁 딸려 올라왔다. 어린아이가 들기에 무겁지 않을까 걱정했는데, 아카리가 진지한 얼굴로 고구마를 밭 구석으로 날랐다. 아사히도 "나도 하고 싶어" 하며 의욕을 보였다. 아직 말수가 적은 아카리조차 "더 할래" 하며 다른 아이들을 밀어젖히며 나섰다. 아사히와 아카리의 이런 기세에 적이 눌려 있던 나리코와 노키아도 고구마를 캐기 시작했다. 몇몇 아이들이 신이 나서 하자 다른 아이들도 경쟁적으로 의욕을 나타내는 모습이 인상 깊었다.

산책하고 돌아오니 조금 전에 캔 고구마를 맛있게 쪄 놓았다. 아이들이 한 개씩 받아먹더니 "더 주세요" 하며 서로 손을 뻗었다. '좋은 사이'에서는 일반적으로 아이들이 싫어하는 피망 같은 채소도 맛있는 먹을거리다. 우리 아이는 우엉 캐기를 해 본 뒤부터는, 밥상에 우엉이 올라올 때마다 "아이카와 선생님이랑 같이 캔 적이 있어" 하며 즐겁게 먹는다. 자기 스스로 기르고 수확하면서 모든 채소들과 친숙해지는 것 같다.

24기 미에코

좋은 사이에 있으면 채소를 좋아하는 아이가 된다

모에나와 가즈마가 채소를 좋아하고 잘 먹기 때문에 다른 아이들도 그런 줄로 알았다. 그런데 집에 놀러 온 아이들에게 샐러드를 내주니, "토마토는 싫어요." "오이는 싫어요" 하며 채소는 입에 대지도 않고 고기만 골라먹는 것이었다. 아는 아이 엄마에게 물어보니, 아이들은 카레나 햄버거, 튀김 같은 것이 아니면 먹으려고 하지 않는다고 했다. 한술 더 떠 카레를 먹으며 당근을 골라내는 아이도 있다고 했다. 아이들이 채소를 먹지 않는 것에 충격을 받았다. 그러고 보니, 우리 아이도 '좋은 사이'에서 생활하면서부터 채소를 즐겨 먹게 되었다. 텃밭에서 아이와 엄마가 함께 씨를 뿌리고 채소를 기른 덕분이지 싶다.

19, 22기 마키

흉내를 내며 배운다

말문이 트이기 시작할 때, 아이는 대부분 엄마 억양을 따라 한다. 아이는 가장 가까운 사람의 말을 흉내 내면서 소리를 내고 말을 익힌다. 그래서 이 시기의 아이들에게는 천천히, 알기 쉽게, 말을 많이 걸수록 말하는 능력이 발달한다.

만 한 살배기 아이들 반에서는 보육사가 한 말을 아이들이 되풀이하고는 한다.

보육사: "쥐며느리 있을까?"
아이: "있을까?"
보육사: "노키가 울고 있으니, 마중 나가자."
아이: "나가자."
보육사: "엄마에게 줄 선물을 줘 보자."
아이: "줘 보자."

그래서 보육사는 아이들이 바로 되풀이해서 말할 수 있게 짧고 발음하기 쉬운 말을 고른다. 어떤 아이라도 알기 쉽고, 신이 나서 따라 하게 되면서도 과장되지 않은 간단한 말을 쓴다. 아이들이 어떤 말을 제대로 발음하지 못하는 것은 아직 그 정도의 발달단계에 이르지 못했기 때문이다. 그렇다고 해서, 아이들 앞에서 어리광 부리는 듯한 아기 말투를

써서는 안 된다. 되도록이면 자연스럽고 정확한 발음으로 말해서 아이들이 처음부터 정확한 말을 배울 수 있게 한다.

산길을 걷는 방법을 알려 줄 때에도, 그 방법을 보여주면 아이들은 한눈에 알아차리고 바로 따라 한다. 산길을 오를 때에는 "나무뿌리를 잡자"고 말하면서 나무뿌리를 이용해 산길을 오르는 모습을 보여주고, 아이들 발밑에 발등을 살짝 받쳐준다. 내리막길은 "엉덩이로 미끄럼을 타 보자"고 말하면서 쪼그려 앉아 조금씩 내려간다.

처음에는 무서워하며 울던 아이도 다른 아이들이 하는 것을 보고 금세 엉덩이를 대고 내려가기 시작한다. 내려가는 길에 주위에 있는 벚꽃 잎이나 풀잎을 주워서 보여 주고 하다 보면, 아이는 저도 모르는 사이에 비탈길을 내려가는 법을 몸에 익히게 된다.

또 벌레를 잡는 것도 직접 보여 주고, 어른이 먼저 진흙투성이가 되어 본다. 그런 식으로 어른이 먼저 본을 보이고 나서 아이가 한번 따라 해보게 한 뒤부터는 아이들에게 온전히 맡긴다. 감각기관이 조금 무뎌진 부모님들에게는 두세 번 보여 주어야 할 때도 있지만, 감각이 뛰어난 아이들은 대체로 단 한 번에 배운다.

아이들이 곤경에 빠질 경우에 도움을 줄 때도 있지만, 스스로 할 수 있는 일이라면 어떤 도움도 주지 않는다. 큰 아이들이 하는 행동을 부러운 눈으로 바라보더라도, 나서서 돕지 말고 혼자 할 수 있을 때까지 기다린다. 도움을 주는 것은 오히려 혼자 할 수 있게 될 때 아이가 느낄 기쁨과 자신감, 그리고 그에 따른 성장 기회를 빼앗는 일이다.

혼자 오줌을 누다

"하루토와 다쿠미가 오줌을 눈대." 아이카와 선생 말을 들은 세 아이가 줄줄 따라나선다. 서로 사이좋게 볼일을 보고 있는 하루토와 다쿠미를 지켜보는 세 아이. 그러고 나서 산길을 걸을 때, 다쿠토가 "오줌 눌래!" 하며 혼자 달려가서는 주섬주섬 바지를 내리고 오줌을 누었다. 혼자 알아서 오줌을 누고 옷을 추스리는 모습은 처음이었다. 성장한 아이 모습에 감격했다.

19, 23기 시노

신발은 주머니에 넣으면 된다

진흙이 묻어 질척해진 신발을 신는 것도, 벗어서 들고 가는 것도 싫다고 보채던 아이가, 배에 달린 큼직한 주머니에 신발을 넣고는 맨발로 잘 노는 친구를 보고 나더니 친구를 따라 했다. 신발을 주머니에 넣으면 된다는 것을 스스로 깨달은 것이다. '좋은 사이'의 한 어머니가 아이 옷에 주머니를 달아 놓은 것을 보고, 많은 부모가 자기 아이 옷에 똑같이 주머니를 만들어 주었다.

17, 19, 23기 유카

인공적인 것은 필요 없다

현대사회는 더 빠르고 더 편리한 것을 추구한다. 이런 현상은 갈수록 더 가속화되고 있으려니와, 그에 따라 생활환경도 급격히 변하고 있다. 생활 대부분을 콘크리트 구조물과 고속 통신망에 둘러싸여 자동화, 초고속화, 인공적인 것에 의지하고 있는 것이 우리 실정이다. 그런 만큼 자연 속에서의 활동이 그 어느 때보다도 소중해졌다. 지금 아이들은 어려서부터 인공적인 것을 의도적으로 배제하지 않으면 한평생 자연과 접촉할 기회 없이 살아갈는지도 모른다.

'좋은 사이'가 가장 중요하게 여기는 것은 아이들이 자연을 마음껏 누릴 수 있도록 최대한 배려하는 것이다.

무엇보다 자연을 있는 그대로 받아들이는 것이 중요하다. 꽃도 풀도 나뭇가지도 사람이 손대지 않은 자연 상태 그대로를 받아들인다. 아이들은 그런 자연을 만져 보고 냄새 맡고 맛본다. 이를테면, 진흙이 묻은 손발을 더럽다고 곧바로 씻어낸다면, 결코 진흙을 만지거나 느껴 볼 수 없을 것이다. 진흙도 그 자체로 받아들이는 것이 중요하다. 그래야만 아이들이 진흙의 감촉과 냄새를 온몸으로 느낄 수 있다.

'좋은 사이'에서는 만 네 살이 넘은 아이들은 꽃잎을 가지고 소꿉장난을 하거나 진흙 경단을 만들며 논다.

놀이를 할 때에도 자연에서 얻을 수 있는 사물을 가지고 논다. 공장

에서 만든 인공적인 도구는 하나도 사용하지 않는다. '좋은 사이' 아이들은 벌레도 맨손으로 잡는다. 차마 맨손으로 잡지 못하겠으면 관찰만 해도 괜찮다. 어른들이 만들어 준 도구가 없으면, 아이들은 스스로 도구를 만들어 쓸 줄 안다. 건드리기만 해도 떨어지기 쉬운 잘 익은 오디 따위를 만질 때는 자칫 잘못해서 땅에 떨어지지 않게 살짝 집으며, 한쪽 손으로 가지가 흔들리지 않게 조심스럽게 잡는다. 또 나무 막대기나 낙엽으로 벌레를 유인하기도 한다. 아이들은 이런 놀이를 통해 집중력과 신중함을 키워 나간다. 그리고 이처럼 어릴 때부터 세밀한 손놀림을 자주 하게 되면 손재주가 좋아지고 두뇌 발달을 촉진시킨다고 한다.

'좋은 사이'에서는 장갑도 끼지 않는다.

산은 온도가 낮지만, 산골짜기 아래쪽은 비교적 온도가 높아 겨울에도 아침나절에만 고드름을 볼 수 있다. 자연에서 경험을 쌓은 아이들은 겨울을 맛보기 위해서 "녹아 버리기 전에 서두르자!" 하면서 달려가서는 얼음 막대기를 맨손으로 쥐고 맛을 본다. 또 시냇물이나 연못에도 가서 물 위에 낀 살얼음을 떼어 양손으로 잡고 베어 먹는다. 아삭아삭 소리를 내어가며 얼음을 먹던 아이가 갑자기 울기 시작한다. 손은 벌써 차갑게 굳어 가고 있는데도 차갑다는 느낌을 잘 모르는 것이다. 아이들은 울면서도 얼음을 놓지 않는다. 눈물을 쏙 빼게 하는 고통이 바로 맛있는 얼음 탓이라고는 생각하지 못한다. 그래도, 이런 일을 되풀이하다 보면, 아무리 어린 아이들이라도 손에 쥔 차가운 얼음을 견딜 수 있는 시간을 생각하면서 행동하게 된다. 손이 얼면 물기를 닦고 입김을 불거나 햇볕에 손을 쬐어 따뜻하게 하는 방법도 터득하게 된다. 그만큼 경험을 통해 지혜로워지는 것이다.

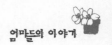

팔손이나무 청소기

아이들이 팔손이나무 잎을 가지고 '청소기'라고 부르면서 산길에 흩어져 있는 낙엽을 빨아들이는 놀이를 하는 모습을 보았다. 자연 소재물을 변화시켜 놀 줄 아는 모습이 자연스럽고 좋다고 느꼈다.

20기 도모코

원숭이처럼 몸이 가볍다

등나무의 굵은 넝쿨이 복잡하게 얽힌 곳을 보자마자 아이들은 매달리기도 하고 기어오르기도 한다. 눈은 생기로 넘쳐 반짝이고, 움직임은 원숭이처럼 가볍다. 주변에서 흔히 볼 수 있는, 통나무나 밧줄 따위로 만든 운동 시설보다 훨씬 흥미롭다.

19기 히카루

다함께 조몰락조몰락

두더지가 땅속으로 들어갈 때 파 놓은 흙을 가지고 아이카와 선생이 주먹밥을 만들어 보이면서 아이들이 따라할 수 있도록 유도했다. 아이들이 어느새 진흙을 조몰락거리며 진흙으로 주먹밥을 만들고 있었다. 아이들 나이에 맞는 놀이라는 점이 중요함을 깨달았다.

22기 도모코

쑥으로 피를 멈추게 하다

유메가 팔에 상처를 입었다. 상처에서는 피가 흐르고 있었다. 그런데도 유메는 울지도 않고 상처를 가만히 바라보고 있었다. 속으로 얼마나 감탄했는지 모른다. 누군가가 "휴지 같은 거 있는 사람?" 하자, 아이카와 선생이 풀숲을 뒤져 쑥을 찾았다. 쑥을 비벼서 그 즙을 상처에 발라 주니 조금 뒤에 피가 멈췄다.

23기 아키코

무엇이든 줍는다

호기심이 많은 아이들은 길에 있는 것은 무엇이든지 줍는다. '좋은 사이' 아이들이 입는 윗옷에는 배 부분에 큼직한 주머니가 달려 있어, 아이들이 길에서 주운 것을 바로 주머니에 넣을 수 있다. 이 주머니는 엄마가 직접 만들어 달아 주는데, 해를 거듭하면서 모양과 쓰임새가 개량되고 있다.

아이들이 줍는 것은 예쁜 것만 있는 것은 아니다. 오히려 갈색으로

말라비틀어진 낙엽이나 작은 나뭇가지, 돌멩이 따위가 많다. 진흙 경단을 만들어서 그대로 주머니에 담으면 그 무게 때문에 주머니가 축 처지고, 얼음을 넣으면 녹아서 젖어 버리고, 오디나 버찌를 넣으면 천연 염색이 된다. 어떤 아이들은 쥐며느리, 지렁이 같은 벌레를 잡아서 넣기도 하는데, 그런 벌레는 바로바로 기어 나와서 팔이나 어깨로 기어오르거나 자연으로 되돌아가기도 한다. 심지어는 작은 뱀을 잡아 주머니에 담는 아이도 있다.

아이들은 길에서 주운 것을 '엄마를 위한 선물'로 여겨 즐거워한다. 그러면서 아이들은 자신이 느끼는 즐거움을 엄마도 공감하기를 바란다. 그런 바람이 크면 클수록 주머니는 더 불룩하고 무거워진다.

발 밑에서 찾은 얼음 선물

마사토시는 발밑을 살피다가 얼음을 발견하고 집어 들더니 윗옷 주머니에 넣었다. 그것도 두 개씩이나. "마사토시, 얼음 때문에 배가 아파질 텐데"라고 했더니, "엄마 아빠한테 선물할 거예요"라고 대답한다. 엄마 아빠를 사랑하는 아이의 마음이 그대로 전해 온다.

21기 세츠코

시든 꽃도 선물

산에 동백꽃이 활짝 피어 있다. 카난이 떨어진 동백꽃을 주워서 자랑하자, 사키도 질세라 꽃을 줍기 시작한다. 엄마가 보기에는 다 시들어버린(사실은, 썩은 듯한) 꽃을 '선물'이라며 소중하게 주머니에 담는다. 떨어진 꽃마저도 소중한 보물로 여기는 아이들의 순수한 마음을 지켜보고 있자니 입가에 절로 웃음이 돈다. 아무쪼록 아이들이 그 순수한 마음을 제 삶에서 오래 이어 가길 바란다.

17, 19, 23기 유카

불룩한 주머니에는 나무 열매와 흙덩어리

산길을 내려오다 보면 등산객과 자주 마주치는데, 오늘은 리사호의 주머니가 등산객들의 눈길을 끌었다. 유난히 불룩한 주머니에는 엄마한테 선물로 주려고 담은 나무 열매와 리사호가 초콜릿이라고 여기는 흙덩어리가 여러 개 들어 있었다. "리사호, 하나쯤 빼놓고 가면 어때? 아니면, 배낭에 넣든지." 그래도 리사호는 "엄마가 좋아할 거예요!"라며 고집을 부렸다. 땅에 닿을 만큼 가득 찬 주머니. 호주머니가 무거워 나중에는 팔자걸음으로 산길을 걸어가면서도, 리사호는 어른들의 충고는 아랑곳하지 않고 끝까지 자기 생각대로 밀고 나갔

다. 사실 어른들의 이런 충고는 아이들 행동을 지나치게 간섭하고 규제하는 일
이라서 '좋은 사이'에서는 달갑지 않게 여긴다. 그런 점에서 리사호가 부리는
고집은 훌륭하다.

21기 세츠코

언제나 얇은 옷을 입는다

"늘 반소매를 입고 있어서 계절감이 없네."

엄마들이 아이들 사진을 보면서 웃으며 말했다. 그래도 숲이 배경이라서 여름인지 겨울인지는 알 수 있다.

'좋은 사이'를 모르는 엄마들은 가끔씩 놀란 듯 "옷을 입히지 않으세요?" 하고 묻곤 한다. 그럴 때에는 "아니요, 아이들이 옷을 벗어 버리는 거예요"라고 대답할 수밖에 없다.

날씨가 쌀쌀하다고 긴소매를 입히면, 물에 손을 집어넣으며 놀거나 진흙 놀이를 할 때 소매가 금세 젖어서 차갑고 불편할뿐더러 오히려 체온을 뺏기기 쉽다. 또 긴 바지도 물웅덩이에 들어가 첨벙거리며 놀라치면 바지 밑단이 젖어 버리기 일쑤다. 옷을 얇게 입히는 것은 몸과 마음을 강하게 단련하려는 뜻이 아니라, 간단하고 가벼운 차림이 놀이에 적합하다는 기능적인 이유 때문임을 '좋은 사이' 엄마들은 잘 안다.

나무 그늘이 많은 산길에서 나와 햇볕이 잘 드는 곳에 나오면 아이들은 "더워, 더워!" 하면서 옷을 벗기 시작한다. 세 벌로 겹쳐 입은 윗옷을 하나씩 하나씩 벗는다. 옷을 얇게 입는 편이 몸을 움직이기 쉽다는 것을 아이들은 이미 알고 있기 때문이다. 벌레를 잡을 때나 꽃을 딸 때에도 되도록 옷을 벗고 움직인다. '좋은 사이' 아이들은 물을 보면 거의 반사적으로 옷을 벗는다. 물놀이할 때는 알몸이 편하다는 것을 알아

챈 아이들은 늦가을 쌀쌀한 날에도 옷을 벗으려고 한다. 그러나 추위를 느끼면 곧바로 다시 옷을 입는다. 벗는 것도 빠르지만, 입는 것도 재빠르다.

작은아이 반 아이들은 친구 가운데 누군가가 옷을 벗으면 따라서 벗고, 입으면 또 따라서 입는다. 하지만 큰아이 반 나이가 되면 "난 벗지 않을 거야," "덥지 않으니까 벗지 않을 거야"라며 각자가 판단하고 결정하는 모습이 눈에 띄기 시작한다.

얼음이 어는 계절. 그늘에는 얼음이 얼어 있지만, 햇볕이 드는 곳은 아직 따뜻한 기운이 있다. 이러한 날씨에 익숙해진 아이들은 장소에 따라 입고 벗기를 되풀이한다. 이럴 때 엄마들이 끼어들 필요가 없다.

스스로 온도 조절

아오이와 카난이 "더우니까 벗을 거야!" 하며 윗옷을 한 겹 벗는다. 유키코, 사키, 아카리도 길 위에 쪼그려 앉아 옷을 벗었다 입었다 한다.

벗은 옷은 정성스럽게 배낭에 챙겨 넣기 때문에 시간이 좀 걸린다. 유키코는 한 겹 벗어도 속에 또 옷을 입고 있다. 카난은 다른 아이들 따라 두 겹을 한꺼번에 벗어 버리더니 곧바로 "추워!" 하며 옷을 다시 껴입는다. 체온 조절도 이젠 아이 스스로 할 수 있게 되었다.

18, 19기 미유키

반소매 대 오리털 파카

한 엄마가 맨발에 반소매 차림인 아이에게 "춥지 않아? 감기 걸리지 않겠어?" 하며 걱정스럽다는 듯이 바라보았다. 이런 반응을 보이는 엄마들은 대부분 제 아이한테 오리털 파카 같은 두꺼운 겨울옷을 입힌다. 그리고 아이가 더워서 옷을 벗으려고 하면 "추운데 감기 걸려" 하며 옷을 벗지 못하게 한다. 이것은 사실 엄마가 춥다고 느끼는 것을 아이에게 강요하는 것일 뿐이다.

19, 22기 마키

따뜻한 백화점에서 옷을 두툼하게 입고 있는 아기

어느 겨울날, 아홉 달짜리 딸을 데리고 백화점에 갔다. 바깥 기온은 귀가 얼 만큼 추웠지만, 백화점 안은 봄날처럼 따뜻했다. 포대기에 싸인 딸이 덥겠다 싶어 기저귀를 갈아 준 뒤에 내의만 남기고 옷을 벗겼다.

그런데 주위를 둘러보니 두툼한 옷을 입고 있는 아기가 어찌나 많은지. 방한복을 입힌 채 유모차에 태우고 다니는 엄마도 보였다. 아기 때부터 그렇게 옷을 지나치게 껴입히면 그 아기의 자율신경에 문제가 생기지 않을까 싶어, 조언해 주고 싶은 마음이 굴뚝같았다.

21. 23기 도시미

자연 소재를 쓴다

석유 부산물로 만드는 석유화학제품은 되도록 쓰지 않는다. 옷은 면 제품을 입고, 도시락은 나무로 만든 것을 쓴다. 채소를 담고 열매를 담을 때에도 천 주머니를 쓴다. 배낭도 천으로 손수 만들어 메는 것이 바람직하지만, 천 가방은 비에 금세 젖기 때문에 비닐 가방을 메는 아이들도 있다. 비옷이야 어쩔 수 없이 화학섬유를 쓸 수밖에 없다.

쌀쌀한 계절에도 '좋은 사이'에서는 반소매 옷을 몇 겹 겹쳐 입을 뿐이고, 겨울옷이라고는 털실로 짠 조끼를 덧입는 정도다. 늦가을 산길에는 나무열매나 식물의 씨앗이 널려 있다. 산길을 헤치며 걷다 보면 털옷 조끼에 이런저런 열매도 들러붙고, 옷 위로 벌레가 기어 다니기도 한다. 자연에 익숙해진 아이들은 그런 것에 마음 쓰지 않는다. 자연에게서 받은 선물을 몸에 지니고 다니는 것을 오히려 즐겁고 재미나게 받아들인다. 그래서 낙엽이나 벌레가 미끄러져 떨어져 버리는, 매끄러운 화학섬유 옷은 아이들에게 재미가 없는 옷이다. 낙엽이 제법 쌓인 계절이면 아이들은 낙엽을 흩뿌리면서 노느라고 머리에서 발끝까지 낙엽 투성이가 된다. 그러다 보면 낙엽 부스러기가 목덜미를 거쳐 속옷까지 들어가 간지럼을 일으키기도 하는데, 아이들에게는 그것마저도 재미있는 일이다.

요즘은 어린이용 운동화 가운데 달리기 선수가 신어도 좋을 만한

기능성 운동화들도 많이 있다. 발목까지 올라오는 그런 운동화는 복사뼈를 보호해 주기는 하지만, 아이가 신고 벗기에는 불편하다. 특히 맨발에 신을 신거나 맨발로 다니는 것을 좋아하는 아이에게는 적합하지 않다. 작은아이 반에서는 초등학교 실내화 같은 간편한 운동화면 충분하다.

그러나 아이들이 만화영화 캐릭터에 관심을 가지는 것은 엄마들이 어쩔 수 없는 모양이다. 도시락, 젓가락, 천 주머니, 신발 등 캐릭터가 박혀 있지 않은 제품은 찾기 어렵다고 엄마들이 입을 모은다.

엉덩이까지 축 늘어진 배낭 속에는 절대로 찌그러질 일 없는 단단한 나무 도시락이나 아빠가 손수 나무를 파서 만들어 준 물 잔이 들어 있

는 천 주머니가 있다. 그래도 배낭이 무겁다고 하소연하는 아이들은 없
다. 땀범벅이 되는 여름에는 무거운 나무 도시락 대신에 대나무로 만든
가벼운 바구니를 들려 보내는 엄마도 있다. 죽순대 같은 대나무 토막을
그릇 삼아 사용하기도 한다. 산에서 나는 음식 재료로 만드는, 일명
'골짜기전골'을 대접하는 골짜기 잔치를 벌인 뒤로는 대나무 그릇이
유행하기도 했다.

　젓가락은 들판에 무성하게 자라는 가느다란 대나무를 이용하는 게
가장 알맞음을 우연히 알게 되었다. 젓가락을 잃어버린 한 아빠가 임시
변통으로 써 본 것이 계기가 되었다. 가볍고 쓰기 좋아서 그 뒤로 '좋
은 사이' 식구들은 다른 곳에서도 즐겨 쓰게 되었다. 이렇게 해마다 자
연에서 얻은 새로운 방법을 하나씩 터득해 간다.

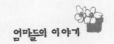

얇은 판자로 만든 도시락

어느 엄마가 아이에게 얇은 판자로 된 도시락을 들려서 유치원에 보냈는데, 선생님이 전화를 해 와 "하루토시가 불쌍해서 그러니, 캐릭터가 그려져 있는 도시락으로 바꿔 주세요" 하더란다.

그 전화를 받고 그 엄마는 충격을 받았다고 한다. 만화 캐릭터가 그려진 것이 '나쁘다'거나 '안 된다'고 생각하지는 않지만, 개성을 무시하고 다른 아이들과 똑같은 캐릭터가 그려진 도시락을 써야 하는, 획일적인 세상 흐름이 안타까웠다고 한다.

23기 아키코

다른 사람에게 도움이 되면 기쁘다

만 한 살배기 아이들 반은 처음 시작할 때는 무척 조용하다. 집에서는 말을 곧잘 하는 아이도 낯선 사람을 보면 긴장해서 말문을 닫아 버리기 때문이다. 그러나 비록 입은 다물고 있지만, 아이들은 온몸에 안테나를 세우고 제 주변에서 일어나는 사소한 움직임도 놓치지 않고 감지한다. 모임 횟수가 늘게 되면 자연스럽게 친구를 사귀게 되는데, 행여 친구가 넘어져서 울고 있으면 무척 신경을 쓴다. 친구 얼굴을 들여다보거나, 손가락으로 가리키면서 어른에게 알리려고 한다. 엄마가 넘어진 친구에게 "어디가 아파?" "쓰다듬어 줄게" 하고 말을 걸면, 곁에 쪼그려 앉아서 친구를 지켜보다가 "괜찮아, 괜찮아!" 하며 친구를 쓰다듬거나 손을 잡아준다.

우는 아이가 있으면, 엄마가 "누가 좀 돌봐 주렴" 하고 주변에 있는 아이들에게 알려 준다. 그러면 아이들은 우는 친구에게 다가가 손을 잡아 주거나 등을 토닥여 준다. 울던 아이는 기분이 한결 좋아져서는 금세 소리 내어 웃는다. 그럴 때 친구를 도운 아이는 무척 행복해한다. 다른 친구를 도울 수 있어서 기쁘다거나, 다른 친구가 따뜻하게 대해 줘서 기쁘다는 감정을 체험하는 사

이에 동료 의식이 싹튼다. 그 뒤로는 누가 울면 엄마가 말하기에 앞서 아이들이 서로 신경을 써 준다.

다른 아이를 돕는 기쁨에 눈뜬 아이들은 자기 일은 제쳐 놓고 친구를 돌본다. 이를테면, 친구가 도시락을 깨끗하게 비운 것을 보면 곧바로 친구 도시락을 정리해 준다. 그렇게 서로 친구 도시락을 정리해 주다 보면 어느새 도시락이 모두 정리된다. 자기 도시락 반찬을 두고 친구 도시락 반찬에 손을 내미는 것은 친구 반찬을 먹고 싶어서라기보다는 그만큼 친구에게 관심이 생겼음을 드러내는 행동이기가 쉽다.

아이들은 친구 물건을 기억한다. 이 배낭이 누구 것인지, 저 도시락 이 누구 것인지, 저 신발이 누구 것인지 기억한다. 그래서 가끔 친구들 이 두고 간 배낭이나 다른 물품들을 찾아주면서 자신감을 얻기도 한다.

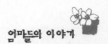
엄마들의 이야기

친구 덕분에 울음을 그치다

마리코가 "물 좀 주세요"라는 말을 하지 못할 정도로 울고 있었다. 유우나가 물이 든 컵을 들고 가서 마리코에게 내민다. "자, 여기 있어." 마리코가 어느새 울음을 그친다. 유우나는 아무 일도 없었던 것처럼 자기 도시락을 먹고 있다.

19기 아츠코

서로서로 친절하게 대하다

고오가 커다란 제 배낭을 두고 먼저 가 버렸다. 그러자 요오카가 작은 몸으로 배낭을 열심히 안고 걸어가기 시작했다. 그렇게 한참을 들고 가다가 너무 무거웠는지 바닥에 두고 그냥 걸어갔다. 이번에는 노아가 그 배낭을 주워 들고 가더니 고오에게 건네주었다. 그동안 친절하게 대해 준 친구에게 뭔가 도움을 줬다는 것에 기쁨을 느끼고 스스로 만족해하는 아이들 모습을 보았다. 그런 기쁨은 앞으로 펼쳐질 아이들 삶에 좋은 밑거름이 되리라고 믿는다.

21, 22기 구미코

말은 하지 않아도

아카리가 엉엉 울고 있는 노키아의 주머니에 작은 나무 열매를 넣어 주었다. 얼마나 멋있고 기특한 모습인가. 그 모습에 감동받은 나머지 이것저것 말해 주고 싶었지만, 말없이 주고받는 두 아이의 교감을 방해할까 봐 꾹 참아야 했다.

24기 아미

자연은 어떤 성격을 가진 아이라도 키워낸다

다양한 선택 속에서

인간의 성격은 유전적 요소와 함께 모태 환경, 출산 환경, 자라는 환경 같은 여러 요소가 영향을 미치면서 형성된다. 부모라면 아이들에게 할 수 있는 대로 최상의 환경을 만들어 주기를 바라지만, 지금 사회는 매우 다양하고 복잡해서 어떤 환경을 기준으로 삼아야 할지 망설이게 된다. 될 수 있으면 인공적인 것을 피하고 소박하게 키우기 위해 모인 '좋은 사이'이지만, 자기 아이가 언제까지나 울고만 있으면 고민하지 않을 수 없는 일이다.

"아이에게 자연생활이 맞지 않는 게 아닐까?"

"이렇게 자연 속에서 자라다가 학교에 입학하면 학교생활에 제대로 적응하지 못하지는 않을까."

특히 남자아이는 전철이나 자동차처럼 움직이는 것을 좋아하고, 엄마 아빠가 컴퓨터 따위를 자주 만지는 것을 보면 기계에 관심을 갖게 된다.

아이들은 호기심으로 가득 차 있기 때문에 새로운 모든 것에 관심을 보이는 것은 당연한 일이다. 그러나 인간은 본디 자연의 일부인 만큼, 어릴 때에는 되도록 자연 속에서 자라는 것이 좋다. 이런 믿음을 지켜 나가려면, 무엇보다, 같은 생각을 하는 사람들과 꾸준하게 교류할 필요

가 있다. 더러 아이와 함께 자연에서 활동하는 것에 회의가 들 때에 그런 사람들에게 하소연하기도 하고 격려도 받고 조언도 얻을 수 있기 때문이다.

칭찬은 행동파도 신중하게 만든다

행동파들은 생각보다 행동이 앞서고, 늘 새로운 것으로 관심 대상을 바꾸는 전형적인 성격을 띤다.

행동파 아이들은 "오디가 열렸구나" 하는 말이 떨어지기 무섭게, 누구보다 빨리 손을 내밀고 또 누구보다 많이 오디를 딴다. 메뚜기가 있다고 하는 순간, 얼른 손을 내밀어 메뚜기를 잡는다. 산에서는 바람처럼 날쎄게 달려가서 맨 앞에 서고, 비탈을 오르는 방법도 누구보다 빨리 습득한다. 아이들에게 도시락을 나눠 주는 일을 도맡아 하기도 한다. 옷을 입으려는데 생각처럼 수월하게 입히지 않으면 짜증을 내기도 하고, 자기 뜻대로 되지 않으면 친구에게 손찌검을 하려 들 때도 있다. 또 그러다가도 새로운 관심거리가 생기면 재빨리 그쪽으로 움직인다.

이런 아이는 칭찬을 하면 의기양양해져서 모범을 보이려고 애쓴다. 예를 들어, 성급하고 요란하게 움직여서는 벌레를 잡지 못하는 것을 알기 때문에 애써 침착하게 행동해서 벌레를 잡는다. 그다지 자신이 없어도 "누구는 비탈길도 잘 올라가요" 하는 칭찬을 듣게 되면, 비탈을 오르기 위해 더 열심히 노력한다. 뒤처지는 아이나 자기보다 어린 아이를 돌봐달라고 부탁하면 상대한테 맞추어 행동하려고 노력하는 가운데 인내심을 기르게 된다.

칭찬은, 타고난 성격을 억지로 바꾸지 않고 그 특성을 키우는 가운데 아이에게 모자란 기질을 몸에 익히게 만든다.

침착파에게 재촉은 금물

신중한 성격을 가진 아이들은 스스로 생각해서 이해하지 못하면 웬만해서는 행동으로 옮기지 않는다. 그런 아이들은 대체로 손에 흙이 묻거나 옷이 더러워지는 것을 싫어한다. 즐겁게 진흙 놀이를 하는 아이들을 가리키며 엄마가 "너도 해 볼래?" 하면, 처음에는 어김없이 "싫어요" 한다. 그렇지만, 말은 그렇게 해도, 다른 아이들이 노는 모습을 보기만 하다가 심심해지면 조심스럽게 조금씩 진흙 놀이를 하기 시작하게 되고, 그러면서 자신감을 키운다.

엄마는 이렇게 아이가 스스로 판단해서 행동할 때까지 기다려 주어야 한다. 마음의 준비가 되지 않았거나 자기 생각과 반대되는 행동을 재촉하면 아이들은 스트레스를 받게 되고 결국 '좋은 사이' 그 자체를 싫어하게 되기 때문이다. '조금만 더 지나면' 또는 '내년에는 할 수 있겠지' 하는 마음으로 느긋하게 기다려 주면, 어느 날 갑자기 변화된 아이 모습을 볼 수 있을 것이다.

이를테면, 바다에서 친구들과 장난을 치다가 개펄 흙을 뒤집어쓰거나, 기분 좋게 걸어가다가 다리를 헛디뎌 웅덩이에 빠지거나 하는 일이 생기는 경우, 아이가 변화할 수 있는 좋은 계기가 되곤 한다. 그런 경우에 엄마는 재빨리 "어머 멋진 무늬가 생겼네"라든지 "자맥질해 보니 시원해?" 같은 말을 건네어서 아이가 낭패스러워하거나 침울해지지 않게 북돋아 준다.

이런 경험을 하면서 침착파 아이들은 편안하고 자연스럽게 자연과 어울리게 된다.

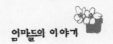

예사롭지 않은 집중력이 몸에 배다

우리 집 아이는 무언가에 열중하면 주위에서 나는 다른 잡다한 소리는 전혀 듣지 못한다. 아이가 초등학교에 다닐 때, 수업 중에 제멋대로 엉뚱한 책을 읽고 있다가 선생님한테서 주의를 받았는데 정작 자신은 책에 빠져서 그 사실을 전혀 몰랐단다. 아이의 집중력이 대단하다는 생각을 했다. 아마도 '좋은 사이'에서 몸에 밴 것 같다.

4, 6기 히로코

엄청난 인내력

우리 아이는 언제 어디에서나 친구들을 잘 사귀는 방법을 아는 것 같다. 초등학교 때 보이스카우트 활동에서 큰 짐을 메고 한참 걸어간 적이 있었다. 그때 엄청난 인내력으로 열심히 해서 주위를 놀라게 했다.

4기 준코

온몸으로 직접 겪는 체험을 통해 제 것으로 만들어 간다

"모에짱은 운동신경이 뛰어나서 할 수 있어."
"모에짱은 튼튼하니까 잘할 수 있어."
"우리 아이는 여자아이고, 둔해서 잘 넘어지는 데에다 감기도 자주 걸려서 안 되겠어."

별 생각 없이 다른 아이엄마와 이런 이야기를 나누던 것이 떠올랐다.
한 해 내내 반소매, 반바지로 지내는 '좋은 사이' 아이들은 무릎이 까지고 이마에 큰 혹이 생기고 입술이 터지고 발바닥에 가시가 박히고 하면서 성장한다.

건강하기 때문에 이처럼 활동할 수 있기도 하지만, 실은 활동하면서 건강해지는 것이라고 여긴다. 한겨울에 갑자기 반소매, 반바지만 입고 맨발로 뛰어다니면 감기도 걸리고 열도 날 것이다. 그러나 통나무와 밧줄로 만든 운동 시설에서 놀 때 밧줄을 붙잡고 맞은편까지 거침없이 건너갈 수 있는 것도 야외 활동에서 경험해 보았기에 가능한 일이다. 아무것도 해보지 않은 아이에게 뭔가 할 수 있기를 기대하는 것은 무리다. 그러니 아이가 잘 못한다고 낙심할 필요는 없다.

다른 가족과 함께 야외에 나가 보면, 그 집 아이들은 정말 물 만난 고기처럼 신나게 뛰어논다. 그런 다음 날이면 으레 그 집 아이가 몸살을 앓는다는 전화를 받는다. 그럴 수밖에 없는 것이, 평소 활동량이 적은 아이가 모처럼 야외에 나가니 마냥 신나고 즐거워서 몸이 견딜 수 있는 적정 활동량을 넘어서도록 뛰놀기 때문이다. 마음은 앞서는데 몸이 따라가지 못해, 몸과 마음이 균형을 잃은 것이다.

'좋은 사이'에서 꾸준히 야외 활동을 하는 우리 집 아이들도 그렇게까지 뛰어다니면 몸이 힘들어한다. 중요한 것은, '좋은 사이' 아이들은 산이나 들에서 놀면서 놀이에 대한 욕구를 늘 충족시키고 있고, 또 자기 몸 상태에 따라 활동량을 스스로 조절할 줄 아는 능력이 갖추었다는 점이다.

17, 19, 23기 유카

그 아이 나름대로 즐기는 법

히로미는 제 또래 아이들이 노는 모습을 바라보며 미소만 짓고 있다. 히로미가 '좋은 사이'에 다닌 지 얼마 되지 않은 때였다. 아이들과 어울리지 못하는 아이를 보며, 나는 "너도 해 볼래?" 하고 묻곤 했다. 그런데 지금은 생각이 달라졌다. 히로미는 자기 방식대로 '좋은 사이'를 즐기고 있다. 행동으로 옮기는 것만이 능사가 아니라는 사실을 여러 성격의 아이를 관찰하면서 재확인하게 된다.

15기 사토미

상상을 뛰어넘는 아이들의 힘

아는 사람의 권유로 만 두 살이 채 안 된 딸아이를 데리고 사설 보육시설을 찾아갔다. 전직 유치원 선생님이 그야말로 풍부한 내용으로 아이들을 즐겁게 해주고 있었다. 색종이 접기, 그림연극, 인형극, 춤을 곁들인 노래, 간식. 그야말로 '풀코스'였다. 그런데 어쩐지 위화감이 느껴졌다. 어른이 아이에게 가르쳐 준다, 아이를 즐겁게 해 준다고 하는 생각이 바탕에 깔려 있었던 탓이다.

'좋은 사이'를 견학할 때에는, 그와 달리, 아이들 힘이 내 상상을 훨씬 뛰어넘고 있음을 깨닫게 되었다. 가랑비가 내리는 2월 어느 날, 짐승이나 다닐까 싶은 산속 오솔길을 얇은 옷을 입은 아이들이 천천히 앞으로 나아가는 것을 보았다. "세상에! 아이들한테 저런 힘이 있구나." 오감을 이용해 자연을 느끼는 힘. 아이들끼리 서로 배려하기도 하고, 더러 반발하기도 하면서, 그 나이에 다른 데에서는 할 수 없는 것들을 마음껏 경험하고 있었다.

무언가를 늘 '해 준다'는 관점에서 아이를 키운다면, 그런 엄마는 아마 "저 아이는 저런 일도 할 수 있는데"라며 다른 아이와 자기 아이를 비교해서 말하거나, "이것이 옳다, 저것은 그르다" 하며 이분법의 사고로 아이에게 무언가를 강요하기 십상이다. 어쩌면 나 자신도 그동안 알게 모르게 점수를 매기면서 딸아이를 대하고 있었을는지도 모른다.

나 자신이 해 본 적도, 상상해 본 적도 없는 것들을 경험하고 있는 어린 딸을 "우리 딸이 꽤 하긴 하는구나" 하는 마음으로 바라보노라면 아이가 믿음직스러워진다. 아이가 '좋은 사이'에 다니면서 우리 모녀는 올바른 신뢰 관계를 맺게 되었다.

22기 유미코

싸움을 말리지 말고, 다투면 다투게 내버려 두라

"애가 요즘 말을 잘 안 들어."

"한 살 때는 사이가 좋았는데, 지금은 같이 노는 걸 싫어해."

아이가 만 세 살쯤 되면 엄마들 입에서 절로 나오는 하소연이다. 그 전까지는 아이가 엄마와 자신은 일심동체이며 엄마가 생각하는 것이 곧 자기 생각이라고 믿는다. 그래서 엄마 말을 앵무새처럼 되풀이하고 엄마 행동을 똑같이 따라 하려고 한다. 그러다가 만 세 살쯤 되면 아이는 엄마와 자신이 서로 다른 존재임을 알게 된다. 자연히 자기 생각을 말하게 되고, 그것을 행동으로 옮기면서 관철시키려고 한다.

"도시락에 요오짱 거랑 같은 모양으로 계란 구워 주세요."

"아냐, 난 이 옷 입을래요!"

자기주장이 뚜렷해지고 강해지면서 아이들끼리 충돌도 잦아진다. 나무 막대기를 서로 가지려고 싸우기도 하는데, 그러다 어느 한쪽이 울거나 또는 둘 다 울음을 터뜨리면서도 계속 싸운다. 이런 다툼은 다른 아이들한테도 영향을 미친다.

두 아이가 다투는 것을 보고 있던

한 아이가 "케이가 울렸어요!" 하고 엄마한테 이른다. 싸우다 우는 아이도 또 자기대로 호소한다. 그 모습을 지켜보고 있던 다른 아이가 "케이가 잘못했잖아. 사과해야지!" 하고 판결을 내린다.

아이가 다툴 때, 엄마는 성급하게 다툼을 말리지 않고 지켜보는 것이 좋다. 엄마가 끼어들어 말리거나, 이것이 옳다느니 저것은 그르다느니 하고 판결하면, 다툼이야 멈추겠지만 아이들 마음속에는 풀리지 않은 감정이 쌓인다. 아이들이 다툴 때는 아이들이 스스로 해결해 나가도록 기다리며 지켜보는 것이 좋다. 다만, 힘으로 지배하는 인간관계는 올바른 문제 해결 방법이 아님을 알려 주어야 한다.

다툼은 아이들 내면 성장에 중요한 계기가 된다. 울고 화내고 슬퍼하고 싫어하는 감정이 북받치고, 타인도 자신도 기분이 상하게 되는 그런 경험을 통해, 아이들은 자기표현을 어떻게 하는 것이 좋은지, 또 다른 아이들과 어떻게 협조해야 하는지를 배워 나간다.

자기감정을 다스리는 경험을 쌓는 것이 매우 중요하다. 아이들은 싸우면서 자란다는 옛말을 곱씹어 볼 필요가 있다.

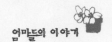

있는 그대로의 감정 충돌이 소중하다

아이가 친구와 실컷 다투고, 감정을 억누르지 못해서 울음을 터뜨리고, 그러고 나서는 무언가가 마음에 걸렸는지 싸우던 친구 앞에 서서 주춤거렸다.

있는 그대로의 감정이 서로 부딪치는 것은 아이에겐 무척 소중한 경험이다. 엄마가 나서서 다툼을 수습해 버리는 것은, 아이들한테는 정말 아무 의미도 없다. 나 같은 초보 엄마가 저지르기 쉬운 실수가 아닐까 싶다. 엄마의 역할에 대해 깊이 생각하게 된 날이다.

엄마는 기술이 있어야 한다. 아이를 다루는 기술이 아니라, 정말 좋은 역할을 하는 엄마가 되기 위한 기술이 있어야 한다. 곧, 아이의 성장을 바르게 도우려면 엄마가 어떤 역할을 해야 하는지에 대한 기술 말이다.

21, 23기 도시미

첫 체험으로 결정된다

　첫눈에 반한 사람을 자기 인생 동반자로 맞이하기도 하는 것처럼, 첫 체험이 인간에게 미치는 영향은 무척 크다. 그래서 산골짜기에 처음 발을 들여놓는 아이가 있을 때에는 날이 좋기를 바라는 마음이 크다. 골짜기는 아이들이 비, 바람, 추위를 체험하는 소중한 장소지만, 첫날부터 날이 궂으면 골짜기에 대해 거부감을 느낄 수도 있다. 날이 좋으면 엉덩이로 미끄럼을 탈 수도 있지만, 날이 궂으면 어쩔 수 없이 비탈길을 피해야 한다. 될 수 있으면 자연의 소리에 귀 기울이게 하고 싶지만, 춥거나 가랑비가 내리면 아이들의 관심을 끌기 위해 계속 이야기를 하면서 가는 날도 있다.

　생각대로 되지 않는 것이 자연이다. 특히 작은아이 반 아이들이 처음으로 산골짜기에 갈 때에는 신중하게 날씨를 살핀다. 장소가 바뀌어도 개의치 않는 아이가 있는가 하면, 낯선 곳을 두려워하고 긴장하는 아이도 있기 때문이다.

　비도 피할 수 있고 아이들이 마음 놓고 야외 놀이를 할 수 있는 곳은 가마쿠라 시내에 있는 하이킹 코스다. 이곳은 많은 학교에서 수학여행이나 소풍을 즐겨 가는 곳인 데에다 관광객도 많아서 걸음마 잡이들을 데리고 가면 자칫 아이를 잃어버릴 수도 있고, 지나가던 어른들이 계속 말을 걸어와서 아이들이 쉬 지치기도 한다. 그래서 보통 때에는 잘 가지 않지만, 숲이 울창한 골짜기처럼 어둑하지 않아서 비가 오는 날에는 야

외 활동 장소로 이만한 곳이 없다. 비가 오는 덕분에 사람도 별로 없고, 나무 아래라면 젖지도 않고, 오솔길이 아니라서 아이들이 안심한다.

　바닷가에 가서 활동할 때도 마찬가지다. 바다에 처음 들어가는 아이가 있으면 되도록 얕고 잔잔한 바다를 선택하는 것이 바람직하다. 길게 이어진 해변을 따라 걷다가, 찰싹찰싹 밀려오는 파도에 살짝 발을 담가보게 하면서 천천히 바다에 익숙해지도록 한다. 강풍이 불어서 모래 먼지가 일거나 파도가 거칠어지면 아이들은 무서워한다. 그러면 다음부터는 바다를 두려워하고 피하게 된다. 바닷가에 처음 갔다가 거친 파도 따위에 한번 질리면, 다시 바다에 갈 때에는 입구에서부터 울음을 터뜨리는 아이도 있다. 이렇게 되면 처음부터 다시 시작해야 된다. 마이너

스 상태를 제로로 되돌리고, 그런 다음에 플러스 쪽으로 유도해 가야 한다. 시간이 걸리더라도 아이가 웃음을 되찾을 때까지 천천히 정성스럽게 단계를 밟아 가야 한다.

처음으로 바다에 가다

모에나는 바다에 갈 때마다 늘 아이카와 선생의 무릎에만 앉아 있다. 바다에 갈 때마다 늘 그랬다. 모래를 끼얹어 달라고 하거나 바닷물을 손으로 살짝 만져 볼 뿐이었다. 그런데 놀랍게도 오늘은 처음으로 아이카와 선생의 손을 잡고 바다에 들어갔다. 울지도 않고 전혀 싫어하는 기색도 없다. 박수! 아이가 스스로 할 수 있을 때까지 기다려 준 것이 드디어 결실을 맺게 된 것이다.

엄마들은 많은 것에서 무심코 "한번 해 봐, 즐거울 거야" 하면서 유도하지만, 그것이 아이한테는 강요하는 것일는지도 모른다. 아이 스스로 하고 싶은 마음이 생기도록 하는 작전의 핵심은 바로 '기다림' 에 있다고 확신한다.

22기 유미코

다른 아이들에게 이끌려서

바다에 도착해서 다 함께 물놀이를 즐겼다. 친구들이 노는 모습이 즐거워 보였는지 그동안 한 번도 물에 들어가지 않던 미유도 친구들이 있는 바다로 뛰어들었다.

21기 에쯔코

잘 못하는 아이에게 맞춘다

엄마들이 아이들을 함께 돌볼 때, 가장 애를 먹는 부분은 아이마다 체력과 발달 상황이 다르다는 점이다. 이럴 때 모든 아이를 만족시킬 수 있는 방법이 있다. 아이들 중에서 가장 어리고 신체 발달이 느린 아이한테 맞추는 것이다. 그렇게 하면, 예를 들어, 앞장서서 달려간 체력 좋은 아이는 다른 아이들이 올 때까지 기다리거나, 뒤처져 오는 아이를 마중하러 가면 된다. 그렇게 하면 앞선 아이는 그렇게 오가기를 되풀이하면서 자기 에너지를 마음껏 발산할 수 있다.

나이가 조금 더 많은 아이들은 혼자 힘으로 옷을 잘 입지 못하는 작은 아이들을 돌봐 주기도 하고, 걸음마를 완전히 떼지 못한 아이의 손을 잡아 주기도 한다. 큰 아이는 이렇게 어린 아이를 돌보는 가운데 참을성과 상상력을 기른다. 그런 한편, 어린 아이들은 큰 아이들과의 이러한 교류를 통해 다른 아이들보다 빠르게 성장한다.

나이 어린 아이를 돌보는 일은 꽤 까다로워 익숙하지 않으면 할 수 없는 일이다. 잘 못하는 아이를 돕고 가르치면서 잘하는 아이는 더욱 크게 성장한다. 상대방이 이해할 때까지, 잘할 때까지 가르치는 것은 가르치는 사람을 성장시키는 최상의 원동력이다. 돕거나 가르친다는 것은 상대방 처지에서 상대방이 무엇을 바라고 무엇을 싫어하는지에 대해 생각하게 하고, 그 판단에 따라 행동하게 하기 때문이다. 큰 아이는 어린 아이를 돌보면서 참을성과 상상력과 자신감을 기른다.

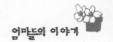

빨리 앞으로 가는 것이 목표는 아니다

앞서 간 아이들을 어떻게 따라잡을까 걱정했지만, 아이에게 서두르자고 말하지는 않았다. 아이는 멈추지 않고 자기 나름대로 열심히 걷고 있었기 때문이다. 걸음이 늦은 아이에게 맞춰 오르막길을 걷고 있자니, 앞서 간 아이들이 되돌아와 아이 손을 잡아서 끌어 주었다.

한 엄마가 자기 아이한테 "빨리 가지 않으면 앞서 간 친구들이 보이지 않게 돼. 길을 잃어버리잖아" 하길래, 무심코 "그런 말은 하지 마세요" 하고 말렸다. 체력 차이가 있을 때에는 체력이 떨어지는 쪽에 맞추는 것이 낫다고 생각했기 때문이다. 빨리 가는 것이 목표가 아니라 그 과정 속에서 아이들이 어떻게 관계를 맺어 나가느냐가 중요하다.

21, 22기 구미코

육감을 키워라

텔레비전은 리모컨으로 조절하고, 휴대전화는 조작 단추만 누르면 신호가 간다. 그러나 숲과 같은 자연은 리모컨이나 조작 단추로 작동시킬 수 없다. 오로지 시간의 흐름에 따라, 계절에 따라 변할 뿐이다.

'벚꽃 잎을 가지고 노는 것이 재미있다'는 사실에 모든 아이가 공감했는데, 눈 깜짝할 사이에 갈색으로 변하더니 바람에 날아가 버린다. 산길을 내려갈 때면 엉덩이를 대고 미끄럼 타는 것이 재미있다고 생각했는데, 비가 와서 진흙투성이가 된 길에서 미끄럼을 탄 바람에 옷에 차가운 물이 스며들어서 울고 싶어진다.

날씨가 맑기를 바랐는데 비가 올 때도 있고, 따뜻해질 것이라는 일기예보와는 달리 찬바람이 불어와 꽁꽁 언 손으로 도시락을 먹어야 할 때도 있다. 왕벚나무에서 버찌가 익기를 기다렸는데 열매가 열리지 않는 해도 있다. 밭을 열심히 갈고 김매고 해도 비가 계속되면 여름 채소는 흉작이 된다. 걸어가려고 생각해 둔 길에 다다랐더니 풀이 무성하게 자라서 한 살배기 아이가 풀숲에 파묻혀 울어 대는 일이 생기기도 한다.

자연에서 활동하다 보면 이렇게 이따금 예상하지 못한 일들이 생기곤 한다. 그런 경우에 어쩔 수 없이 생각해 내야 하는 새로운 발상이야 말로 흥미롭다. 또 자연에 나가기에 앞서, '오늘은 어떻게 될까, 우리 예상과 얼마나 빗나갈까?' 하는 마음으로 설레기도 한다. 자연에서 부

딪치는 이런 돌발 상황을 통해 아이들은 생각이 유연해지고 주위의 상황 변화에 적응하는 힘을 키워 간다.

사람은 오감五感만 가지고 사는 것이 아니다. 오감을 잘 키우고 단련하여, 그것을 바탕으로 육감六感을 발달시키는 것, 이것이야말로 삶의 중요한 열쇠일 성싶다. 그 육감은 직감이라기보다는 직관에 가깝다. 인류의 조상은 언어가 없어도 상대방의 작은 몸짓이나 표정으로 생각이나 마음을 읽어 내고 서로 소통할 수 있었다.

그렇듯이, 온몸이 안테나와도 같은 유아기에 되도록 다양한 많은 것을 체험할수록, 어떤 일이 일어날 조짐이며 주변 사람들의 기색을 잘 알아차리는 능력을 키울 수 있다. 또 어른이 만든 기존의 개념이나 고

정관념을 벗어난 환경에서 자랄수록 그런 능력은 한층 더 발달한다.

수백 미터 상공에서 땅이나 물 위의 먹이를 발견하고 재빠르게 하강해 먹이를 잡아채는 새, 사람보다 몇 천 곱절이나 뛰어난 후각을 가진 개, 봄에 이미 올해가 태풍이 많은 해인지 아닌지를 감지하여 벌집을 만들 자리를 결정하는 꿀벌 등, 생물들은 우리로서는 상상도 할 수 없는 능력을 지니고 있다.

인간의 능력도 얼마든지 키워 나갈 수 있다. 오감이 충분히 발달하면, 그것을 종합하여 육감을 키워 나갈 수 있다. 육감은 이성으로 생각하기도 전에 적절한 행동을 취하게 한다. 그러한 것이 쌓여서 자신감이 되고, 주위에도 영향을 미치게 된다.

길 위에도 작은 자연이 존재한다

장마 때가 되면, 오솔길에 있는 모기들이 행동이 느린 한 살배기 아이에게 떼 지어 몰려들곤 한다. 모기 따위야 신경 쓰지 않는 것이 '좋은 사이'의 행동 수칙이지만, 눈 깜짝할 사이에 얼굴 여기저기가 모기에 물려 빨간 자국으로 뒤덮이는 상황을 피하기 위해, 좀처럼 이용하지 않는, 보도블록 따위로 포장한 길을 걸을 때도 있다.

보도블록이나 시멘트 따위로 포장한 길은 달려가다가 넘어지면 다칠 수도 있지만, 잘 살펴보면, 여기에서도 작은 자연을 발견할 수 있다.

보도블록 틈 사이에서 얼굴을 살며시 내민 풀 한 포기, 가로수 아래 꽃들 사이사이로 둘러쳐진 거미줄에서 빛나는 빗방울, 돌담에 붙어 있는 아기 쥐며느리와 아기 달팽이. 아이들은 거미줄에 빗방울이 맺힌 것을 재빠르게 찾아내어 물방울을 톡 하고 건드려 본다. 더러 포장도로 위에 드러눕기도 하고, 더러 쪼그려 앉아 무언가를 들여다보기도 한다. 그런 모습은 산속에 있을 때와 다름없다. 주택가 사이에 집 하나가 들어갈 만한 공터라도 있으면, 아이들은 얼른 뛰어 들어가 자기 허리 높이만한 풀을 헤치며 메뚜기를 잡는 데 열을 올린다.

여러 다른 도시에서 '좋은 사이'에 견학하러 오는 엄마들이 많은데, 그분들은 "가마쿠라 같은 풍부한 자연이 없어서, '좋은 사이'처럼 하고 싶어도 야외에서 육아 품앗이를 할 수가 없다"며 한숨을 지으시고는 한다. 그분들께 이런 아이들의 모습을 보여드리고 싶다. 숲 활동 육아 품앗이는 꼭 자연 속에서만 이루어지는 것은 아니다. 우리가 사는 곳 어디에서라도 할 수 있다.

제2장

부모가 성장한다

'좋은 사이'의 아침

"내일은 밭에서 채소를 수확하고, 아이들이 채소를 썬 뒤에 야마노우치 배수지로 갑니다. 주먹밥만 준비해 오세요. 밥 먹는 곳은 사자바위 근처입니다. 밥을 먹은 뒤에 바로 헤어집니다. 요리해 주실 수 있는 엄마는 연락 주세요."

엄마들과 메일을 주고받는다.

"오늘은 아기를 맡을 수 있습니다."

"아이 동생을 데려가도 된다면 요리를 맡을 수 있어요."

아침 9시 15분에 맞추어 모임 장소인 산 아래 주차장 입구에 차들이 줄을 이어 들어온다. 차를 가지고 온 엄마들은 이곳에서 대중교통이나 자전거로 온 엄마들을 태워서 산 중턱에 있는 주차장으로 이동한다.

"데려다 주는 일을 맡으실 분은 누구신가요?"

"데려가는 것은 할 수 있지만, 데려오는 것은 안 되겠어요."

아기를 맡은 엄마가 한쪽에서 아기에게 젖을 먹이고 있다.

"오늘은 아직 똥을 안 쌌어요, 부탁해요."

"포대기를 잊어버렸네."

"우리 걸 쓰면 되니까 괜찮아요."

모임 장소에서 엄마들은 아기 담당과 요리 담당을 다시 한 번 확인하고, 그날 아기 상태와 요리에 대해 이야기한다.

"아이들이 쓰는 칼과 도마는 이거면 되나요?"

"도시락 바구니 갖다 주세요."

엄마들이 준비물과 주의해야 할 일에 대해 이야기하는 동안, 아이들은 주먹밥이 든 도시락을 배낭에서 꺼내서 큰 바구니에 넣는다. 오늘 식사 담당을 맡은 엄마가 점심시간에 맞춰 주먹밥 바구니를 식사 장소로 가져오기로 했다. 날이 더워서 미리 가지고 다니면 시어 버리기 때문이다.

엄마와 떨어지기 싫어서 우는 아이도 있고, 먼저 차에 올라타서 가자

고 보채는 아이도 있다. "안아 줘!" 하면서 헤어지기 직전까지 응석 부리는 아이, "오늘은 엄마랑 같이 가는 거야?" 하며 엄마가 아기 담당임을 확인하는 아이, "안녕, 안녕, 나중에 만나!" 하며 엄마에게 손을 흔드는 아이도 있다.

엄마들과 상담을 마치고 아이들 열다섯 명이 차에 오르면 채소밭으로 이동한다. 출발 시각 9시 30분을 정확하게 지킨다.

엄마와 헤어진 뒤로 내내 우는 아이가 있어서 차 안은 한동안 소란했다. 한 엄마가 편안하게 말을 건네자 금세 울음을 그친다. "조용해졌네." 울던 아이보다 나이가 몇 달 위인 아이가 말했다.

"요리는 어떻게 할까?"

"오이는 그냥 들고 먹죠?"

"가지는 볶을까요?"

엄마들과 보육사가 점심식사에 대한 의견을 나눈다. 채소밭에 도착하면 아이들은 채소를 거두어서 차에 싣는다.

오늘 아기는 두 명이다. 아기를 맡은 엄마와 요리를 맡은 엄마들이 가장 바쁘게 움직인다. 아기를 맡은 엄마는 기저귀를 갈아주고 아기를 업고 식사 준비를 돕는다. 비록 어설픈 솜씨지만, 아이들은 채소를 썬다. 이곳에서 만든 음식을 가지고 밥 먹을 곳인 사자바위 부근으로 옮긴다.

엄마가 없을 때 아이들은 성장한다

아이와 헤어질 때 엄마들은 걱정이 앞선다. 특히, 아이가 울기라도 하면 마음이 아픈 만큼 걱정이 더 커지기 마련이다.

"아직 어리고, 이렇게 떨어지기 싫어하는데, 억지로 떨어뜨려 놓으면 마음에 상처를 입지 않을까, 정신적인 충격은 없을까?"

엄마는 아이를 다시 만나는 시간까지 불안한 마음을 지울 수 없다. 그러다가 언제 울었냐 싶게 활짝 웃는 얼굴로 돌아오는 아이를 보고는 깜짝 놀랐다. 아이는 엄마가 걱정하는 것과는 달리 친구들에게 민들레를 따 주고, 노래도 부르고, 친구 도시락까지 다 먹어치우고 내려오는 길이었다. 엄마 없이도 재미있게 신나게 노는 것이다.

더러 처음 온 아이는 도시락을 먹는 시간이 되도록 울어 대기도 한다. 하지만 그러다가 시간이 좀 지나면 산 아래에서 엄마가 기다리고 있음을 인식하게 된다. 그런 경험을 되풀이하다 보면, 엄마가 곁에 없어도 무슨 일이든지 스스로 할 줄 알게 된다. 아이에게 잠재되어 있는 능력이 조금씩 발현되는 순간이다.

'좋은 사이'에 들어온 지 한 해가 넘은 유미짱은 말도 잘하고 잘 놀고 다른 아이를 돌봐 주기도 잘하는데, 엄마가 담당이어서 함께할 때는 마구 울고 응석받이가 된다. 새로 들어온 엄마들은 아이들이 엄마와 떨어져 있을 때 성장하는 것 같다고 입을 모은다.

  옛날에 대가족이 한집에서 살 때는 가족 구성원도 다양하고 또 집에 끊임없이 사람들이 드나들어서 엄마도 아이도 다양한 외부 환경을 만날 수 있었다. 그러나 요즘 같은 핵가족은 엄마와 아이가 외부와 접촉할 기회가 적은 폐쇄적인 환경에서 둘이서만 마주 대하는 시간이 많아서 그런지, 아이가 엄마와 떨어지는 것에 더 예민하게 반응하는 편이다. 이러한 상황을 완화하기 위해서는, 아이가 주위의 다른 아이에게 관심을 나타내기 시작하는 만 한 살 반쯤부터 아이를 엄마와 떨어져 바깥 세계로 내보내는 것이 좋다. 같은 또래나 다른 어른들을 만나고 부대끼다 보면, 아이는 자연스럽게 응석 부리기를 멈추고 한 단계 성장하게 된다.

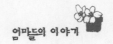

빨간 꽃을 보고 울음을 멈추다

아카리는 내가 무슨 말을 해도 울음을 멈추지 않았다. 방법을 바꾸어 관심을 주지 않아도 울음을 멈추지 않았다. 그때 친구 호노카가 와서 "이것 좀 봐" 하며 주머니에서 빨간 꽃잎을 꺼내 보여 주었다. 채소밭을 돌아볼 때 주운 빨간 꽃이었다. 아카리는 비로소 울음을 멈추었다.

20, 23기 미에

나 이제 울지 않을래

기요타카는 "산에 갈 때 엄마랑 같이 갈 거야" 하면서 마구 울었다. 심지어 세 번이나 엄마한테 돌아가려고 했다. 그런데 습지에 도착하자마자 "나 이제 울지 않을래" 하더니 정말로 울음을 멈추고, 그 뒤로도 눈물을 보이지 않았다. 습지에서 무엇이 기요타카의 마음을 달래 주었을까? 궁금했다.

21기 아키코

아이들은 스스로 자란다

"아이는 떨어뜨리려고 하면 할수록 더 바짝 들러붙어요." 아이카와 선생이 일러 준 말을 늘 염두에 두고 있었다. 스무 해 전에 '좋은 사이' 에 있을 때는 아이를 돌본다는 것이 할 일이 너무 많아 힘든 것이라고는 생각하지 않았다. 그러나 나이가 들면서 몸과 마음이 전 같지 않게 약해졌다. 부모가 약해진 것을 아는 것인지, 아이들이 스스로 해결하는 게 많아졌다. 아이들은 확실히 스스로 자란다.

1, 2기 쿄오코

아이들과 함께 활동하면서 부모도 성숙해진다

손은 뒤로 하고 입은 다물자

'좋은 사이'에서는 전임 보육사 외에 엄마들이 돌아가며 육아 주체가 되어 아이들을 돌본다. 만 한 살 반(아이 6명), 만 두 살 반(아이 10명), 만 세 살 반(아이 15명)을 각 반마다 엄마 두 사람이 돌아가며 맡고, 만 한 살 반과 만 두 살 반이 함께 활동하는 화요일에는 세 명의 엄마가 아이들과 함께 숲 활동을 한다.

어른이 많으면 아이들은 어른에게 기대려고 하고, 어른들은 아이들에게 참견하려고 든다. 장난감도 육아 도구도 넘쳐난다. 부족한 것이 문제가 아니다. 지나친 과잉이 가져오는 악영향을 생각해야만 한다. 아이에 대한 과잉보호도 심각한 대가로 돌아온다.

어른들의 보살핌에서, 또 물질적으로 충족되어 있는 환경에서도 한 걸음 물러서서, 되도록이면 아이들끼리 관계를 맺으며 지내게 하는 것이 중요하다. 어른들의 보살핌이 모자랄수록 오히려 아이들은 자발적인 능력을 발현한다.

부모의 역할은 아이가 스스로 할 수 있도록 돕는 것

아이가 스스로 무엇이든 할 수 있게 주변을 정리해 주는 것이 부모가 할 역할이다. 아이들은 부모나 타인의 손을 빌리지 않고 자기 방식대로 문제를 해결하는 경험을 몇 차례 함으로써, 무엇이든지 혼자 힘으로 해결할 수 있다는 자신감을 갖게 된다. 그런 뒤로는 아이가 자라면서 많은 부분을 스스로 해결하려고 애쓰는 것을 확인할 수 있었다. 이를테면, 도시락을 넣기 쉽게 천 주머니를 만든다든지, 배낭을 정리하기 쉽게 지퍼에 끈을 단다든지.

3, 5기 노리코

말참견 하지 않는다

이웃집 아이들과 놀 때와 '좋은 사이'에서 놀 때를 비교해 보면 엄마의 참견 빈도가 확연하게 차이가 난다. 이웃 아이들과 놀 때는, 이를테면, 아이가 장난감을 뺏어서 친구를 울리면 "그러면 못써. 소오짱한테 돌려줘야지!"라거나 "소오짱, 미안해" 하며 참견하게 된다. 두 아이가 사이좋게 놀게 하려면 어쩔 수 없다고 생각해서다. 하지만, '좋은 사이'에서는 부모는 옆에 있어도 없는 것과 마찬가지인 존재라서, 아이들끼리 해결해 나가도록 기다린다. 그렇게 할 수 있는 것은 '좋은 사이' 엄마들이 '지켜본다'라는, 같은 교육방식으로 아이들을 가르치고 있기 때문이다.

언젠가 '좋은 사이'에서 우리 아이가 친구 뺨을 손가락으로 밀고 있었다. 그런데 그 장난은 한두 번으로 끝나지 않았고, 횟수를 거듭할수록 미는 힘도 강해졌다. 결국, 그 친구는 울음을 터뜨리고 말았다. 우는 친구를 본 아이 얼굴에서 '아차' 하는 표정을 보았다. 친구가 우는 것을 보고 다른 사람에게 '미안해' 할 줄 아는 마음이 싹텄으리라 기대한다.

'좋은 사이'가 아니었다면, 나는 상대 아이가 울기 전에 "하지 마. 소오짱이 싫어하잖아. 소오짱, 미안해"라고 말했을 것이다. 그러나 그처럼 사사건건 참견하게 되면 아이들은 아무것도 배우지 못할 것이다. 아이들의 행동을 가만히 지켜볼 수 있는 곳이 있음에 감사한다.

24기 마사코

어느 아이든 다 내 아이

아이를 키우면서 깨닫게 되는 것이, 낳은 정도 크지만 기르는 정도 그에 못지않게 깊다는 사실이다. 사실 낳은 정이 전부가 아니다. 낳은 정에 기르는 정이 함께할 때 비로소 부모와 자식 사이에 온전한 정이 형성된다. 그만큼 기르는 정이 중요하다. 함께 지내는 시간이 길면 길수록 부모와 자식은 친밀해지고, 진정한 식구가 된다.

'좋은 사이' 부모들은 돌아가면서 아이들을 돌보는데, 그런 과정을 통해 자연스럽게 많은 아이의 부모가 되기 마련이다. 그래서 아이가 하나뿐인 엄마도 많은 아이를 둔 엄마가 될 수 있고, 아들만 둔 엄마도 딸아이를 둔 엄마가 될 수도 있다. 형제가 있는 가족과의 교류가 잦아지면서 자기 아이가 앞으로 어떤 성격을 가진 아이로 자랄지를 예측할 수있게 된다. 부모를 똑 닮은 아이도 있는가 하면 전혀 다른 성격의 아이도 있다는 것을 알게 된다. 이렇게 해서 '좋은 사이'는 모두 한 식구가 된다.

오늘날 도시에서는 지역공동체가 완전히 사라져 버리고 이웃 사이에서도 대화가 사라졌다. 조금 덜하지 싶은 시골에서도 지역공동체가거의 무너져 가고 있다. 집 앞에서 노는 아이가 모두 자기 집 아이와 같던 지난날 지역공동체를 생각하면 아쉽기 짝이 없다. 이런 점을 생각하면, 비록 조금 떨어진 곳에 살기는 해도 같은 생각을 가진 사람들로 이루어진 '좋은 사이'는 새로운 형태의 가족공동체라고 할 수 있다.

다른 엄마가 기록해 놓은 숲 활동 육아 일지를 읽어 보면 자기 아이가 놀랍게 성장한 것처럼 나타나지만, 막상 담당이 되면, 일지에 기록

된 것과 달리, 자기 아이가 여전히 응석을 부리고 오히려 평소보다 더 손이 많이 가는 것을 보게 된다. 그러나 그것은 자신만이 아니라 어느 엄마든 다 경험하는 것임을 곧 알게 된다.

담당 엄마들은 한 달 전에 담당을 맡은 때보다 부쩍 성장해 있는 다른 아이들의 모습에 감격하고는 한다. 지난달보다 눈에 띄게 성장한 아이에게 "어머, 나리짱! 혼자 올라갈 수 있어?" 하고 감탄하면, 아이는 또 그런 어른의 반응에 자신을 자랑스럽게 여기며 또 한 걸음 더 성장하게 될 것이다. 그러다 보면 '좋은 사이'에 있는 아이들이 누구라 할 것 없이 모두 사랑스럽게 느껴진다. 이처럼 '좋은 사이' 엄마들은, 아이를 유치원이나 일반 어린이집 같은 전문 보육시설에 맡기는 엄마들은 결코 맛볼 수 없는 최고의 행복감을 맛보게 되는 것이다. 이것이 바로 육아 품앗이로 함께 아이를 키우는 숲 활동의 진수이다.

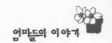

다른 아이의 성장을 기뻐한다

나리코는 누군가와 손을 잡지 않으면 걷지 않았다. 내가 담당을 할 때에도 나리코는 내 손을 꼭 잡고 걷곤 했다. 그러던 나리코가 오늘은 혼자 걸어가는 것이었다. 나리코가 혼자 걷는 모습을 바라보면서 한편으로는 기쁘고 또 한편으로는 섭섭했다. 담당이 되어 아이들을 만날 때마다 아이들이 부쩍부쩍 성장한 모습에 놀라게 된다. 내 아이가 아닌 다른 아이들이 자라는 모습을 보면서 기뻐하고 행복해한 적은 '좋은 사이'에 들어오기 전까지는 없던 일이었다.

24기 마사코

제목 달기

남편과 동창 모임에 가면, 남편은 우리 아이를 보살피고 나는 동창들의 아이들을 보살핀다. 그러는 편이 더 재미있다. 가만히 보니, 남편뿐만 아니라 다른 부모들도 자기 아이만 보살피고 있다. 내가 여러 아이를 보살피면서 즐기는 방법을 배운 것은 순전히 '좋은 사이' 덕분이다.

3, 5기 노리코

신뢰감이 퍼져 나간다

'좋은 사이'에서는 엄마들 사이에 깊은 유대감이 형성되어 있다. 단순히 서로 친절하게 대하는 사이를 넘어서서, 서로 믿고 의지한다. 그 까닭은 네 아이, 내 아이를 가리지 않고 저마다 모든 아이의 엄마로서 존재하기 때문이다.

아이가 오줌을 쌌을 때 바지를 갈아입혀 주고, 울음을 터뜨렸을 때 말을 걸어 주면 으레 아이는 울음을 멈춘다. 자신이 믿고 의지하는 엄마와 서로 깊은 유대감을 나누는 어른이 보살펴 주기 때문에 안심하고 의지하는 것이다. 그런 관계가 지속적으로 이어지다 보면, 아이와 다른 엄마들 사이에 신뢰 관계가 형성되어 자연스럽고 편안하게 대해도 괜찮다는 믿음이 생기기 마련이다.

엄마와 더불어 믿을 수 있는 사람이 늘고 자기를 사랑해 주는 사람들이 많아지면, 아이는 마음이 든든해진다. 존재 가치를 인정해 주는 사람이 많을수록 자신감을 갖게 되고, 세상을 믿고 나아갈 수 있다고 생각한다. 마찬가지로, 엄마들도 다른 집 아이가 자기에게 의지하면 자신의 존재 가치를 느끼게 된다. 그러면서 자연스럽게 "이렇게 나를 의지하는데, 담당을 맡은 날이 아니어도, 필요하다면 언제라도 돌봐야지" 하는 마음이 든다. 다른 아이들을 보면서 "저렇게 말을 잘 듣는 아이는 어떻게 가르친 걸까?" 하면서, 엄마들은 아이를 돌보는 일에 생각이 깊어진다.

아이들과 함께 숲 활동을 하는 날, 엄마들은 보통 겉치장에 신경 쓸 여유가 없다. 때로는 헝클어진 모습을 보일 때도 있고, 또 때로는 실수하는 모습을 보이기도 한다. 겨우 시간에 맞춰 집을 나섰는데, 아이가 "응가!" 하는 바람에 집으로 되돌아가고, 그래서 허겁지겁하다가 도시락을 넣은 배낭을 잊어버리기도 한다. 아이가 너무 울어서 버럭 소리를 질러 버리는 꼴사나운 모습을 보일 때도 있다. 그러나 주위를 둘러보면서 다른 엄마들도 자기 모습과 크게 다르지 않음을 깨닫는다. 이러한 과정을 거치면서 '좋은 사이'는 비로소 온전한 식구가 된다. 잘난 척하지 않고, 남의 실수를 덮어 줄 줄 알고, 또 서로서로 격려하는 삶의 방식이 자연스럽게 몸에 배는 것이다. 그리고 시간이 지나면서 엄마들은 가정생활과 다른 사회생활에서도 자연스레 '좋은 사이'에서와 같은 삶의 방식으로 생활하게 된다. 엄마도 성숙해진 것이다.

실패했을 때가 바로 기회

  산길을 오르는 중에 뒤에서 울음소리가 들려왔다. 돌아보니 한 아이가 우거진 풀 속에서 얼굴만 내밀고 울고 있었다. 산길에서 풀숲으로 굴러떨어진 것이다. 놀란 아이 엄마가 아이를 일으키려고 해서, "어른은 아무것도 해 주지 않아도 돼요!"라고 한마디 거들었다.
  조금 있으니 그 아이 곁으로 다른 아이들이 모여들어 "괜찮아?" 하면서 손을 내밀었다. 이때야말로 아이들이 성장할 좋은 기회다. 조금 전까지만 해도 서로 다투던 아이들이 우는 아이를 돕는 가운데 동료 의식을 나누게 된 것이다. 만일 엄마가 나서서 아이를 돕는다면, 아이들 사이에서 일어날 동료 의식이나 유대감을 없애는 꼴밖에 되지 않는다.

아무 일 없이 평온하기만 하다면 따분하고 그리 바람직하지도 않다. 여러 가지 돌발 사태가 생기는 것이 오히려 교육적으로는 더 낫다. 아이들이 커 가고 살아가는 과정에서 크고 작은 일이 생기기 마련이기 때문이다. 그런 점에서, 숲 활동에서 아픔과 즐거움을 함께하면서 팀워크 능력을 키우고 유대감을 깊이 나누는 일은 아이가 앞으로 살아가는 데 소중한 밑거름이요 힘이 된다.

아이들은 함께 지내는 동안에 누구든지 울 수도 있고 실수할 수도 있음을 깨닫게 되고, 친구들끼리 서로 위로하고 격려하는 가운데 실수를 다 함께 공유한다. 다음에 같은 길을 갈 때 꼭 누군가가 말한다. "어제 여기서 마오짱이 떨어졌지?" 서로 조심하자는 뜻에서 한 말이다. 그러면서 아이들은 풀숲에 떨어지지 않도록 조심해서 걸어간다.

힘내라고 하지 않는다, 칭찬하지 않는다, 나무라지 않는다

'좋은 사이'는 아이들에게 무슨 특수한 훈련을 시키는 모임이 아니다. 그냥 일상생활을 하는 곳이다. 나무뿌리를 붙잡고 가는 것은 그러면 올라가기 쉬워서이고, 일어선 채로 비탈을 내려가면 엉덩방아를 찧기 십상이라서 미리 엉덩이를 땅에 대고 미끄러져 내려갈 뿐이다. 꼭 있는 힘을 다해 씩씩하게 가야 할 필요는 없다. 처음 오는 부모와 아이에겐 험한 산길로 보이는 골짜기도 이곳 아이들에는 늘 다니는 '평범한 길'일 뿐이다.

처음에는 아이들이 오르막길이나 내리막길을 만나면 무서워하며 울기도 하고 넘어지기도 하지만, 며칠만 지나면 언제 그랬냐는 듯 그 길을 능숙하게 오르락내리락하게 된다. 아이들은 그것을 칭찬받을 일이라고 기대하지도 않는다. 할 수 있게 되면 그게 당연한 일이라고 받아들인다. 혹시 잘 못하더라도 "오늘은 마음먹은 대로 안 되네. 내일은 잘되겠지!"라고 생각할 뿐이다.

그러니 다른 아이는 할 수 있는데, 우리 아이는 못한다고 해서 비관할 필요는 없다. 시간이 조금 더 필요할 뿐이다. 어느 단계에서 시간이 걸리면 다음 단계에서는 더 빨리 익숙해질지도 모른다.

"우리 아이는 잘 못해요" 하고 섣불리 단정을 내려서도 안 된다. 엄마가 던지는 말 한마디가 아이에게 크나큰 영향을 미친다. 엄마가 부정적으로 단정 짓는 바람에 모처럼 성장하려는 싹을 없애 버리게 되는 예도 있다. 그런 경우 아이는 '나는 할 수 없는 거구나' 생각하고 그 뒤로 다시는 그 일을 하려고 들지 않는다.

아이들은 무한한 잠재력이 있기 때문에 언젠가는 꽃을 피울 것이라고 믿는 것이 아이 성장에 좋은 밑거름이 된다. 성급하게 기대하지 않고 담담하게 현실을 즐기는 것 또한 훌륭한 엄마의 역할이다.

엄마들이 육아 주체가 되어 아이들과 함께 놀다 보면, 어느새 훌쩍 자란 아이를 보며 감동하는 예가 많다. "어머, 그렇게 높은 곳에서 뛰어내릴 수 있게 됐어? 지난번엔 울면서 앞으로 나가지도 못했는데." 그런 광경을 보면 엄마는 감탄해서 '대단한데!' 하고 칭찬하고 싶어진다. 엄마가 감동을 솔직하게 표현하면 그것이 아이에게 전해져 자신감으로 이어진다.

그러나 칭찬을 할 때 주의할 점도 있다. 마구잡이로 칭찬만 하게 되면, 아이들은 칭찬받기 위해서만 행동하게 되기 때문이다. 이를테면, 그림을 그리는데 한 아이의 그림에 대해 칭찬을 하면 다른 아이들이 그 아이의 그림을 흉내 내려고 한다. 칭찬으로 아이들을 격려하는 것이 좋은 일이긴 하지만, 평가는 금물이란 것도 알아야 한다.

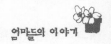

긍정적인 말을 하자

'좋은 사이'에 들어가고 나서, 내가 그동안 아이에게 부정적인 말을 얼마나 자주 해 왔는지를 뼈저리게 느끼게 되었다. 예를 들어, 아이가 시냇물에 들어갈라치면 "저런, 물이 차가울 텐데!" 하거나, 모기가 많은 풀숲에서는 "아휴, 웬모기가 이리 많아?" 하면, 아이들은 그런 것에 전혀 상관하지 않다가도, 엄마가 그렇게 말하거나 신경을 쓰면, 그렇게 부정적으로 받아들이고 선입관을 가지게 된다. 늘 긍정적인 말을 건네는 것이 좋다는 것을 통감하고 있다.

24기 마사코

아이들한테 배운다

　숲 활동을 하는 엄마들이 가장 힘들어하는 것은 응석을 부리면서 들러붙는 자기 아이다. "우리 아이만 안아 줘도 괜찮을까요?" 하며 불안해서 물어 보는 엄마에게 나는 "다른 아이들한테 물어 보세요"라고 대답한다.

　아이들은 참 영리하다. 자기 엄마니까 자기를 '편애'하는 것이 당연하다고 여긴다. 담당 엄마는 아이들 모두의 엄마이기도 하지만, 그렇기 이전에 오직 한 아이의 엄마임을 모두가 인식하고 있는 듯하다. 그래서 담당 엄마의 아이가 계속 울며 보채는 것을 어쩔 수 없다는 듯 바라보곤 한다.

　담당 엄마가 계속 보채는 자기 아이에게 "그만 좀 해!" 하면서 매정하게 대하면, "울고 있잖아요. 손이라도 잡아 주세요" 하는 아이도 있다. 또 옷을 갈아입혀 달라고 일부러 보채면 자기가 다가가서 도와주는 아이도 있다. 화가 나서 어쩔 줄 모르던 담당 엄마는 아이들의 이런 모습을 보며 거꾸로 배우기도 한다.

　아이들은 자신도 똑같이 자기 엄마한테서는 특별한 대우를 받고 사랑받고 있다는 것을 알고 있다. 자신이 충분히 사랑받고 있기에 다른 아이에게 사랑을 줄 수 있는 것이다. 그래서 어려서부터 늘 많은 사람들과 어울리며 많은 사람들에게서 사랑을 받고 자란 사람은 좀 더 여유롭고, 다른 사람의 처지를 생각할 줄 알고, 다른 사람의 아픔을 이해할 수 있지 않을까 싶다.

아이들은 그날그날에 따라 행동에 차이가 있다. 잠이 부족하든지, 엄마와의 접촉이 한동안 부족했든지, 또는 몸이 아프든지 하면 친구와의 접촉을 피하거나, 솔선해서 앞장서지 않고 꾸물꾸물 거린다. 그럴 때도 아이들은 그 아이가 보통 때와는 다르다고 생각하고 받아들인다. 그런 모습을 보면서 아이들의 유연성은 끝이 없다는 것을 배운다.

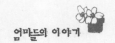

친구의 마음에 다가가는 아이들

호시토가 뒤쳐지니까 울기 시작하더니 걸음을 멈추고 그 자리에 서 버렸다. 조금 전까지만 해도 호시토를 놀리던 노리히토가 누구보다도 먼저 되돌아와 호시토에게 다가갔다. 다이이치로오도 호시토 곁에 쪼그려 앉았다. 아무 말도 하지 않지만, 아이들은 이렇게 호시토의 마음에 다가갔다. 호시토가 다시 걸을 수 있는 힘이 생기도록 말이다.

18기 유키코

다친 아이와 행동을 함께하다

신타가 발을 삐었다. 아이들은 다들 뛰어내리기를 하고 싶었지만, 아이카와 선생이 "다음에 하자"고 했다. 오래 줄을 서서 차례를 기다렸건만 아이들은 아쉬움 속에서 조용히 포기했다. 남자아이들은 뛰어내리기를 할 수 없는 신타와 행동을 함께하면서 뱃놀이를 시작했다.

19. 22기 마사미

엄마 손을 스스로 남에게 양보하다

타다시가 내 손을 계속 잡고 있었고, 다른 한 손은 아사미치가 잡고 있었다. 그런데 아사미치가 잠깐 손을 놓은 사이에 요오가 내 손을 잡았다. 되돌아온 아사미치는 그걸 보고 울먹였다. "어떻게 하지?" 하고 잠시 망설이는데, 요오가 아사미치의 표정을 살피더니 슬쩍 자기 손을 놓으며 양보했다. 예전 같으면 서로 잡으려고 실랑이를 벌였을 텐데. 몸집이 작은 요오가 누나처럼 보였다.

22기 아케미

다시 어린 아이가 되는 것은 신경 쓰지 않는다

'좋은 사이'에서는 순조롭게 적응하던 아이가 집에 돌아가서는 엄마가 가는 곳마다 졸졸 따라다니며 떼를 쓰거나 밤에 울어 대고 해서 손이 많이 가는 예가 있다. 밖에서 실컷 뛰놀고, 참고 양보하기도 하고, 친구들과의 관계에서도 열심히 애쓰는 등 숲 활동을 하는 동안 잔뜩 긴장하고 있던 신경이 집에 돌아와서 한꺼번에 풀어져 버리는 데에서 비롯된 현상이다. 어른들도 열심히 일하고 집에 돌아오면 마음이 풀어져서 어른답지 않게 행동할 때도 있지 않은가.

아이들은 더러 단숨에 성장하는가 하면 역행하는 예도 있다. 그러나 전체적으로 보면 그런 경험이 쌓이면서 조금씩 성장해 간다.

집에서 응석 부리는 것은 밖에서와는 달리 자기 마음과 행동을 솔직하게 드러내는 것이다. 아이가 이러한 행동을 보이는 것은 가정이 제대로 기능하고 있다는 증거일 수도 있다. 거꾸로, 아이가 집에서 그저 '착한 아이'로만 지내야 한다면, 밖에서 갑자기 신경질을 부리거나 문제를 일으킬 수도 있다.

육아 품앗이를 통해 벗을 만든다

부인들은 첫 출산을 전후해서 정신적으로 힘든 시기를 맞는다. 결혼 생활이 어느 정도 안정된 사람도 임신에 따른 몸의 변화를 극복하기란 쉽지 않다. 하물며 결혼한 지 얼마 되지 않은 부인이라면 하루하루가 어려움의 연속일 것이다. 결혼해서 남편을 비롯해 새롭게 맺게 되는 다양한 인간관계로 갈등하고 혼란스러운데, 거기에다 첫 임신으로 입덧이나 몸살을 겪게 되니 평정심을 유지하기가 쉽지 않다.

지금 삼사십대 여성들은 남녀평등 사회에서 고등교육을 받으며 큰 어려움 없이 살아왔다. 그런데 결혼하면서 지금껏 누려온 것과는 다른 환경에 적응하며 사느라고 적잖이 스트레스를 받는다. 그런 가운데 시작된 육아는 엄청난 스트레스로 작용한다. 자기를 위한 시간이란 단 일 분도 가질 수 없고, 그렇다고 아이가 자기 생각대로 자라 주지도 않는다. 아이 문제를 함께 의논하려 해도 남편은 늘 일에 지쳐 있고, 오히려 아기에게 온 정신을 빼앗겨 여자에서 엄마가 되어 버렸다고 눈살을 찌푸린다. 결혼 전에 일을 하며 능력을 인정받던 부인일수록 이런 결혼 생활을 더 견디기 어려워한다.

'좋은 사이'를 찾을 때쯤이면 엄마들은 이미 몸도 마음도 지칠 대로 지쳐 있다. 그런데, '좋은 사이'에서 다른 엄마들을 만나면서 그런 어려움이 자기만 겪는 것이 아님을 알게 된다. 서로 공감을 나누는 가운데 힘을 얻을 수가 있다. 특히 '좋은 사이'는 엄마들이 자율적으로 육

아 품앗이를 운영하는 가운데 자기가 할 수 있는 일들을 해 나가는데,
그런 과정에서 자기 능력을 발휘하면서 더욱 힘을 얻고 많은 것을 익히
고 느낄 수가 있다.

'좋은 사이'에서는 엄마들이 1년씩 돌아가며 여러 가지 일을 분담한
다. 대표, 부대표, 회계, 그리고 청소 담당, 밭 담당, 사진 담당, 섭외 담
당, 회보 담당 등을 서로 나누어 맡는다.

청소 담당은, 한 달에 한 번씩 모든 엄마들이 지정된 공원을 청소하
고 그 대가로 받은 장려금으로 아이들 활동 자금으로 쓰는데, 이 일을
관장하고 조정하는 역할을 맡는다. 밭 담당 엄마는 아이들 야외활동 중
에 밭일을 지휘한다. 사진 담당 엄마는 날마다 아이들 활동 모습을 사

진 찍어 컴퓨터에 정리해 둔다. 섭외 담당 엄마는 여러 가지 비영리 시민단체 활동과의 창구 역할을 한다. 회보 담당 엄마는 전문 보육사가 쓴 육아 일지와 자료를 밑바탕으로 격월간으로 내는 '좋은 사이 회보'를 만든다.

이밖에도 엄마들이 숨은 재능을 발휘할 기회는 많다. 이를테면, 아이 생일잔치에 손수 만든 케이크를 내놓는다든지, 자동차로 아이들을 데려가고 데려오는 일을 맡기도 한다. 디자인, 편집, 조정 역할, 손재주 등 그동안 묵히고 있던 다양한 재능을 발휘하는 사람도 있고, 운전면허를 따거나, 재봉 일을 배우거나, 유아교육을 배우는 등 새로운 능력을 익혀 가는 사람도 있다.

'좋은 사이'에서 초보 엄마는 선배 엄마로부터 많은 정보를 얻을 수 있다. 아이를 잘 키우는 비결은 집안일을 어느 선까지 포기하느냐에 달려 있다는 등, 육아 비결과 남편을 잘 조정하는 기술에서부터 이웃과 잘 사귀는 법에 이르기까지 크고 작은 지혜를 선배들에게서 배운다. 그리고 가정생활의 여러 가지 사례를 얻어들으면서 자신에게 맞는 방법을 얻기도 하고, 또 어떤 문제는 다 같이 머리를 맞대고 해결책을 찾기도 한다. 언젠가는 한 엄마가 남편과 이혼해서 자립할 때까지 '좋은 사이' 사람들이 의지처가 되어 준 경우도 있다. 자율 운영으로 육아 품앗이를 하다 보니 엄마들끼리의 결속이 남달라서 아이가 졸업한 뒤에도 협력 체제가 계속 이어진다.

동료 엄마에 의지해서

딸이 만 한 살을 조금 넘겼을 때 이혼하게 되었다. 이혼하기 몇 달 전에 친정으로 돌아가 시청이나 변호사를 찾아가 상담하면서 집에서 할 수 있는 일을 찾았다. 아이를 맡아 줄 비영리기구를 소개받는 사이에 '좋은 사이' 에 다니는 한 엄마를 알게 되었다.

사실, 믿을 수 있는 사람들과 터놓고 의견을 교환하고 서로 의지하면서 아이와 자연을 즐기는 육아법은 나의 이상이었다. '좋은 사이' 에 다니는 처음 한 해는 재택근무를 했지만, 딸에게 엄마가 일하는 모습을 보여 줄 수 있는 직업을 얻어야겠다고 생각해서 직업기술학교에 들어갔다. 학교를 오가는 데 시간이 걸려서 '좋은 사이' 를 그만두고 다른 어린이집에 아이를 맡기려고 했지만, '좋은 사이' 엄마들이 나를 위해 배려해 주었다. 다른 엄마가 집 근처까지 와서 딸아이를 데려가고 또 오후까지 맡아 줘서, 나는 큰 걱정 없이 공부에 매진할 수 있었고 딸아이 또한 외롭지 않게 자랄 수 있었다.

이혼으로 정서가 불안정하고 사람을 불신하던 우리 모녀에게 '좋은 사이' 는 말 그대로 기적처럼 다가왔다. 우리 모녀는 '좋은 사이' 를 통해 사람에 대한 믿음을 다시 얻게 되었다.

21기 케이코

아빠들에게 배워서 남편도 성장한다

남편은 아이가 태어난 뒤로 한 번도 기저귀를 갈거나 목욕을 시키거나 옷을 갈아입히는 일을 하지 않았다. 바쁠 때 잠깐이라도 아이를 돌봐 주면 좋으련만 그것마저도 하지 않고, 집안일에 이러쿵저러쿵 잔소리만 심해졌다. 임신 전까지만 해도 남편은 자상했고, 나와 평등한 관계를 유지했다. 그러나 내가 아이를 가져 회사를 그만두고 전업주부가 되면서부터 남편은 변하기 시작했다. 바람직한 관계는 아니라고 여겼지만, 어쩔 수 없이 감당해야 할 일이겠거니 하며 지냈다.

그러다가 '좋은 사이'에 들어가서 육아에 기꺼이 협력하는 다른 아빠들 모습을 보고 충격을 받았다. 또 우리 집과는 완전히 딴판인 다른 집 이야기를 들으면서 놀랐다.

'좋은 사이'에서는 한 해에 한두 번씩 1박 2일 행사를 갖는다. 쭈뼛거리면서 행사에 다녀와도 좋을지 물어보면, 남편은 늘 '안 된다'고 했다. 어쩔 수 없이 나와 아이는 '좋은 사이' 외부 행사에는 늘 빠질 수밖에 없었다. 그러던 나도 주변 엄마들한테 영향을 받아 차츰 변하기 시작했다.

어느 날, 남편에게 몇 달 전부터 이야기해 둔 1박 2일 행사에 대해 말했다.

"내일 다녀올게요."
"가도 된다고 한 적 없는데."

다음날, 남편 반대를 무릅쓰고 행사에 참여했다. 행사를 마친 다음날, 조마조마한 마음으로 서둘러 집으로 돌아왔다. "잘 다녀왔어?" 남편은 평소와 다름없이 말했다. 남편은 "안 돼!" 하고 단호하게 반대했지만, 속마음은 그러지 않던 것이다.

그로부터 한 해가 지났을 때, 아이가 태어난 뒤 5년 동안 한 번도 아이와 외출

하지 않던 남편이 '좋은 사이' 행사에 참석하게 되었다. 아이가 성장한 덕도 있지만, 아이카와 선생과 주변 엄마들의 조언을 받으며, 포기하지 않고 남편을 '아빠'로 변화시켜 나가려고 애쓴 것이 효과를 본 것이다. '아빠' 역할을 하게 하려면 무엇보다 자기 자신이 부모임을 깨닫게끔 하는 것이 중요하다고 '좋은 사이'에서 배웠다. 아이는 나와 남편에 의해 이 세상에 왔기 때문이다.

21, 22기 구미코

처음해 보는 밭 가꾸기

4월에는 작은 아이들의 밭 가꾸기가 시작된다. 지난해에 큰 아이들이 씨를 뿌리고 겨울에 엄마들이 버팀목을 세워서 준비해 두었던 콩밭이다.

콩 줄기를 잡고 완두콩 꼬투리를 똑똑 따낸 뒤, 깔개 한가운데에 휴대용 가스레인지를 놓고 소금물로 쪄서 점심시간에 먹는다. 밭에서 금방 딴 것이라서 엄마 아이 할 것 없이 입맛을 다신다. 아이들은 땅에서 나는 먹을거리를 수확하고 먹는 체험을 함으로써, 음식에 대한 고마움을 몸으로 배운다.

'좋은 사이'는 땅 주인이 놀리고 있는 땅을 빌려 밭농사를 짓는다. 큰아이 반도 작은아이 반도 모두 삼십 평 정도의 밭을 각각 담당해 가꾸고 있다. 여름이 가까워질수록 밭일은 바빠진다. 하루걸러 밭으로 나가 벌레를 잡지만, 3월에 심었던 감자 잎에는 무당벌레가 가득 붙어 있고 벌레 먹어 구멍이 숭숭 나 있다. 엄마들은 대부분 밭일을 처음 해보기 때문에 흙을 일구는 것도, 호미나 괭이를 잡는 것도, 잡초를 매는 것도 다 서툴다. 그래도 아이들과 함께 밭일을 하고 여러 가지 채소를 수확하는 기쁨에 아주 의욕적으로 밭일을 한다.

가마쿠라 시에서는 잔 나뭇가지로 퇴비를 만들어서 시민에게 제공해 주고 있다. 그것을 흙과 잘 섞어서 음식물 쓰레기와 함께 묻어 두고는 가끔씩 쌀뜨물을 뿌려 주면 훌륭한 유기농 거름이 마련된다. '좋은

사이'는 화학비료는 일체 쓰지 않고 유기농으로 밭농사를 한다. 그렇게
여러 해를 거듭해 오는 동안에 흙이 아주 건강해졌다. 그 흙에서 무, 양
파, 고구마, 감자, 토란, 시금치, 유채, 꼬투리 완두콩, 토마토, 가지, 오
이, 피망, 까치콩, 옥수수, 오크라, 빨간 순무, 양상추, 브로콜리, 콜리
플라워 등 스무 가지가 넘는 채소를 가꾸어 낸다. 비록 밭은 작고 수확
량도 많지 않지만, 덕분에 늘 맛있고 건강한 채소를 수확할 수 있다.

　까마귀 같은 새가 잎채소나 열매를 먹어치우기 때문에 열매가 맺히
기 시작하면 그물을 쳐야 한다. 그리고 '좋은 사이'의 밭은 넓은 농지
끝자락에 있어 둑에 있는 풀도 부지런히 매야 한다. 밭농사에서는 자기
밭보다는 밭길에 있는 풀을 먼저 매는 게 예의다. 그래서 여름방학 동
안에도 차례를 짜서 열흘에 한 번씩 꼬박꼬박 풀을 맨다.

　겨울에 키우는 잎채소는 발육이 아주 느리다. 하절기에 견주어 한 달쯤 늦게 싹이 터서는 겨우 흙 위에 드러나는 정도이다. 거름이 부족한 탓임에 틀림없다. 무가 작은 것은 밭을 깊이 갈지 않은 탓에 뿌리가 잘 내리지 못해서라는 것도 알게 된다.

　밭 주변에서 자라는 조릿대가 밭에까지 침입하는 일을 막기 위해, 땅을 1미터쯤 깊게 파서 조릿대 뿌리를 자르고 그 자리에 함석을 파묻을 때는 아빠들이 출동한다. 이런 크고 작은 고생을 한 뒤에 얻은 채소들은 시장에서 돈 주고 산 것과는 그 맛과 의미를 비교할 수도 없다.

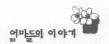

고생한 만큼 채소들은 보답한다

실수투성이인 초보 농사꾼에게 밭은 어떤 노동 현장보다도 힘겹다. 밭을 함부로 밟다가 혼나고, 이웃한 밭에 엉뚱한 씨앗을 떨어뜨렸다가 또 핀잔을 듣고, 이런 저런 일로 야단맞기 바쁜 밭일. 게다가 농부에게도 쉽지 않다는 유기농법이라니! 엄청난 속도로 채소를 먹어치우는 벌레들과의 전쟁에 그만 녹초가 되고 말았다. 한여름 밭에서 일하다가 그만 나도 모르게 "아이 키우기에만 전념하고 싶어!" 하고 비명을 지르기도 했다. 그러나 고구마를 캐고 방금 딴 채소를 맛있게 먹는 아이들을 보면 어느새 마음이 바뀐다. '좋은 사이'에서 인간의 뿌리라 할 수 있는 흙에 대해 조금이나마 알게 되었다. 그리고 땅은 내가 흘린 땀만큼 채소로 보답해 준다는 것도 새삼 깨달았다. 말이 필요 없다. 밭은 위대하다!

23기 고토와

장갑 하나도 조심스럽다

유기농으로 농사지을 때 가장 큰 방해꾼은 다름 아닌 온갖 벌레다. 그날은 밭일을 맡은 기념으로 목장갑보다 더 좋은 작업용 장갑을 샀다. '좋은 사이' 선배 엄마한테서 벌레 잡는 법을 배운 뒤, 득의양양하게 이파리를 뒤집어 가며 무당벌레를 찾았다. 얼마쯤 시간이 흐른 뒤, 아이카와 선생이 왔다. "수고하시네요"라고 인사를 건넬 줄 알았는데, "뭐 하세요?" 하며 화들짝 놀라면서 하는 말이, 장갑을 끼고 만지면 이파리에 상처가 난다는 것이었다. 물론 요즘 나는 맨손으로 벌레를 잡고 있다.

23기 아키코

아무리 상식이라지만

큰딸이 작은아이 반에 다니던 어느 가을이었다. 아이들을 오후 놀이에 보낸 뒤, 엄마들과 밭을 일구러 갔다. 서툰 솜씨지만, 흙을 뒤엎어 준답시고 괭이를 이리저리 휘둘렀다. 그러나 아이들한테서 모처럼 해방되는 시간엔 아무래도 손보다는 입이 더 부지런히 움직이는 법. 우리는 이야기꽃을 피웠다.

"어느 정도 갈면 되지?"
"됐겠지. 열심히 했잖아. 이 정도면 충분하지 않을까?"

엄마들은 만족하며 집으로 돌아갔다. 그날 밤, 아이카와 선생으로부터 전체 이메일이 날아왔다. 수고했다는 편지인가 싶어서 열어 봤더니, "밭은 깊이 30센티미터로 가는 것이 상식입니다. 다시 해 주세요"라고 나무라는 글이었다. 아무리 상식이라고 하지만, 직업 농사꾼도 농가도 아닌데 너무한다 싶었다. 끓어오르는 화를 참으면서 엄마들과 밭일을 어찌 할지 의논했다. 다음 날, 쑤시는 허리를 잡고 밭으로 향했다.

"30센티미터가 어느 정도지?"
"그 정도까지 갈 수 있을까?"

괭이를 힘껏 흙에 꽂으면서 아이카와 선생이 일군 밭을 쳐다봤다.
'아이카와 선생은 얼마나 깊이 잘 갈았지?'
그 밭에 막대기를 꽂아 보니 흙이 아주 폭신폭신할 정도였다.
'와아! 이렇게 갈아야 하는구나! 그래! 더 깊게 갈아 주지!'
묘한 경쟁심을 불태우며, 우리는 밭을 갈기 시작했다. 결국은 아이카와 선생 말대로 움직이는 '좋은 사이' 엄마들이다.

21, 23기 도시미

작은 벌레도 살아 있는 것이기에

결혼한 뒤에 모기 정도는 겨우 잡을 수 있게 되었지만, 밭에서 벌레를 잡는 것은 공포 그 자체였다. 처음에는 다른 작업을 하면서 벌레 잡는 일은 어떻게든 피했지만, 아이가 좀 큰 뒤로 본격적으로 밭 담당을 맡게 되니, 밭일을 피할 수 없게 됐다. 그리하여 벌레가 갉아먹어 순식간에 레이스 무늬마냥 구멍이 숭숭 난 감자 이파리를 보면서 어떻게든 벌레를 무찌르기로 마음먹었다. 처음엔 끔찍해서 비명을 지르며 벌레를 떼어 냈지만, 지금은 맨손으로 거뜬히 벌레를 잡을 수 있게 되었다.

평소에는 아이에게 "살아 있는 것은 무엇이든 소중하게 대해야 한다"고 말하지만, 밭일할 때만큼은 눈에 불을 켜고 벌레를 찾아 처리한다. 이러한 내 행동에 대해 딸아이에게 설명하고, 또 벌레의 명복도 빈다.

23기 유미코

싹까지도 깨끗이 뽑아 버리다

여름이 되면 풀매기로 바빠진다. 쌀뜨물을 뿌리려고 밭에 들르니, 여기저기 잡초가 눈에 띄기 시작했다. "옳지! 다 뽑아 놔야지" 하며 그날은 아주 마음먹고 풀을 뽑았다. 깨끗해진 밭을 보니 기분까지 상쾌했다. 며칠 뒤, 밭을 둘러본 아이카와 선생이 펄쩍 뛰었다. 아이카와 선생이 이웃 농가에서 얻어 심은 귀한 루꼴라 싹까지 깨끗이 뽑아 버린 것이었다. 죄송합니다, 아이카와 선생님! 흑흑.

23기 도미코

씨 뿌리기를 깜빡 잊어 버리다

11월 하순에서 12월 상순 사이에 완두콩 씨를 뿌린다. 나는 씨앗을 사 오는 임무를 맡았다. 그 뒤, 아이카와 선생으로부터 연락이 왔다.

"완두콩 씨앗을 한 줄 뿌려 놓았으니, 그 옆줄에 새로 사 온 씨앗을 뿌려 주세요."

그로부터 몇 주 지난 어느 날 아이카와 선생이 말했다.
"완두콩 싹이 안 나오네요."

온몸에 핏기가 싹 가시는 느낌이었다. 씨앗을 사 온 것은 확실하게 기억나지만, 정작 씨를 뿌린 기억은 없었다. 계절은 이미 겨울로 들어섰고, 땅은 얼어 버려 씨를 뿌려 봐야 싹이 날 리 만무했다. 새해에 새로 들어올 '좋은 사이' 가족들과 함께 봄 향기 가득한 완두콩을 맛볼 계획이었는데, 내 실수 때문에 헛꿈이 되고 만 것이다.

그 다음 해에 아이카와 선생이 내게 말했다.
"올해엔 제가 뿌리죠."

지금 나는 '내년엔 내가 밭 담당을 하겠다'라고 말할까 생각 중이다. 그러다가 혹시?

23기 아키코

저출산 대책에 이바지하는 '좋은 사이' 가정

'좋은 사이'에서는 엄마들이 번갈아가면서 아기 담당을 맡는다. 아기 담당 엄마는 다른 엄마가 데려온 젖먹이 아기를 돌보는 일을 맡는다. 덕분에 젖먹이를 둔 엄마도 아기를 다른 엄마에게 맡기고 큰아이와 느긋하게 하루를 보낼 수 있다. 아기 담당은 여러 엄마가 함께 맡는데 서너 명이 짝을 이루어 젖먹이 둘을 돌본다. 모두 아이를 키우고 있는 처지라서 믿음직한 엄마들이 돌보기 때문에 아이를 맡긴 엄마는 특별히 신경 쓸 일이 없다.

큰아이 반 아이들은 '좋은 사이'가 끝난 뒤에도 누군가의 집에 모여서 오후 놀이를 한다. 더러 그 집에서 저녁을 먹고 잠까지 자고 가는 일도 있다. 그렇게 지내다 보니, 다른 집도 자기 집도 모두 '우리 집'이 되고 한 아이의 형제자매는 모두의 형제자매가 된다.

아이가 외동아이일 경우에는 엄마와 아이가 지나치게 밀착되기 쉬운데, '좋은 사이'에 다니면 그런 상태에 빠지는 일이 없다. 그만큼 스트레스에서 자유롭게 된다. 형제자매가 있는 가정에서는 다른 집 친구가 한 명이라도 와 있으면 형제들 사이에 싸움이 줄어드는 현상을 볼 수 있다. 그렇기 때문에 여러 가족과 지내는 것은 부모로서도 퍽 고마운 일이다.

젖먹이 아이를 맡아 주기도 하고 또 다른 집과 섞여서 여럿이 지내는 즐거움을 알게 되기 때문에, '좋은 사이'에서처럼 엄마들의 숲 활동 육

아 품앗이로 아이를 돌보는 동안에 아기를 가지는 사람들이 부쩍 늘어난다. 셋째, 넷째 아이를 연이어 낳는 가정도 있다.

'좋은 사이'에서는 아이를 서로 맡아 주고 보살펴 주기 때문에 육아에 대한 부담이 그만큼 줄어든다. 그래서 그런지, '좋은 사이'에서는 외동아이를 둔 가정은 드물다.

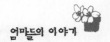
낮기 때문에 더 낳을 수 있다

내 모습을 있는 그대로를 보일 수 있고, 서로 믿고 이해하는 친구를 '좋은 사이'에서 만나리라고는 생각하지도 못했다. 아이들이 가까워지듯이 엄마들도 가까워진다. 처음 왔을 때에는 '내 아이 친구와 그 아이 엄마'로 시작한 관계가 시간이 지나면서 '내 친구와 그의 아이'로 바뀌게 되었다. 더 나아가서는, 내 친구 아이가 곧 내 아이가 되었다. '좋은 사이'에서는 '내 아이' '네 아이'가 따로 없다. '좋은 사이' 아이들이 자라는 것을 보면 내 아이 일처럼 뿌듯하고 기쁘다. 숲 활동 육아 품앗이를 시작한 뒤 아이 키우는 일이 확실히 즐거워졌다. 엄마들과 함께 아이를 키우기 때문에 아이를 더 낳는 일도 두렵지 않다.

21, 22기 구미코

은혜를 갚아야지

4월에는 큰딸이 초등학교에 들어간다. 둘째 딸은 '좋은 사이'의 큰아이 반에 올라갔고, 곧 셋째도 출산할 예정이다. 아이 낳는 일 때문에 '좋은 사이'를 두 달쯤 쉬어야겠다 싶어 고민했다. 정이 담뿍 든 친구들과 두 달 동안 떨어져 지내야 할 둘째 딸에게는 미안한 결정이지만, 어쩔 수 없었다. 우리 집은 '좋은 사이' 활동 장소에서 멀어서 다른 엄마에게 아이를 부탁하기도 어려웠다. 그런데 내 사정을 알게 된 엄마들이 "데리러 갈게!" "데려다 줄 테니 걱정하지 마!" 하며 발 벗고 나섰다. 엄마들이 번갈아 가면서 도와주는 덕분에 딸아이는 '좋은 사이'에 꾸준히 나가고 있다. 이것이 '좋은 사이'가 지향하는 '자율적인 숲 활동 육아 품앗이'의 한 모습이다. 나 또한 곧 다른 엄마를 도울 수 있는 날을 기대한다.

22기 토모코

아이를 돌보는 아빠들

'좋은 사이'가 처음 문을 연 1985년에 견주면 지금은 아빠들의 참여도가 크게 높아졌다. 당시만 해도, 아이를 키우는 것은 전적으로 엄마들 몫이었다. 그래서 어떻게 하면 아빠를 육아 현장에 나오게 할 수 있을까 적잖이 고민하기도 했다. 그런데 지금은 상황이 많이 달라졌다.

'좋은 사이'에 아이를 데려오고 데려가는 일에서부터 아이를 돌보는 일까지, 아빠들은 시간이 허락하는 한 열심히 참여한다. 옛날과 달리 요즘 아빠들은 다른 사람들 눈길일랑은 아랑곳하지 않고, 아이를 업고 안고 돌본다. 업무 시간을 조정하거나 아예 휴가를 얻어서 숲 활동 육아 품앗이를 하는 아빠가 점점 늘어나고 있다.

'좋은 사이' 활동에 처음에는 참여하지 않던 한 아빠의 이야기다.

아내와 아이가 집에서도 '좋은 사이'에서 있었던 일을 즐겨 이야기하는가 하면, 아내는 또 다른 엄마들과 여러 가지 소식을 주고받고, 아이는 아이대로 친구들에 대해 이야기하곤 했다. '좋은 사이' 이야기가 집까지 이어지니, 아빠는 아내와 아이 사이에 낄 자리가 없었다. 공유할 만한 이야깃거리가 없었기 때문이다. 그러다 보니 그 아빠는 자연스럽게 '좋은 사이'에 관심을 갖게 되어 활동에 참여하게 되었다.

'좋은 사이'에 가는 첫날, 아내가 신신당부했다.

"쓸데없는 짓은 절대 하지 마세요."

아내가 당부한 말도 있고 해서 처음에는 머쓱해하던 그 아빠가 아이들과 잘 놀아 주면서 곧 인기가 높아졌다. 자신감이 붙은 아빠는 자기도 모르게 말도 많아지고 목소리도 높아지면서 잔소리꾼이 되어 갔다.

"그렇게 하면 위험해!"

"그게 아니라, 이렇게 하는 거야!"

"자아! 여기 지나가 봐!"

거의 모든 일을 아이들이 스스로 알아서 하도록 맡기면서 말없이 지켜보는 엄마에 견주어, 이래라저래라 잔소리를 늘어놓는 아빠 모습이 어떠했을지는 자명하다. 그러나 그 아빠도 지금은 아이들이 스스로 알아서 무언가를 하도록 내버려 둔다. 그럴뿐더러, 그런 아이들 모습에 감격하여 숲 활동 육아 일지까지 쓰고 있다. 지금쯤 그 가정은 온 가족이 식탁에 둘러앉아 '좋은 사이' 이야기로 시끌벅적할 것이다.

기회를 주면 혼자 할 수 있다

시냇가에 도착해 보니, 아이들은 오늘도 알몸이 되어 물놀이를 하고 있다. 누군가 "야아! 조개가 있다!" 하고 외치자 모두 조개를 보려고 모여든다. 시냇물에 나뭇잎을 띄우며 노는 아이, 조개껍데기를 주워 소꿉장난하는 아이, 막대기로 물을 치며 노는 아이, 아이들은 저마다 저 좋을 대로 놀고 있었다. 그때 딸아이가 "못 자르겠어, 잘 안 돼!" 하고 울먹이더니 울음을 터뜨렸다. 딸아이를 도우려고 일어서는데, 아이카와 선생이 "괜찮아요, 혼자 할 수 있어요" 하고 만류했다. 그러고는 아이가 스스로 문제를 해결할 수 있을 때까지 기다려 보자고 했다. 어른들이 성급하게 기회를 빼앗지만 않으면, 아이들은 혼자 할 수 있음을 깨달았다.

19, 22기 유우키

자립심을 키우다

집에 돌아가니, 두 살배기 딸이 햇볕에 그을린 얼굴로 "아빠, 오늘은 산에 다녀왔어요!" 하며 씩씩하게 맞이한다. '좋은 사이'가 무엇보다 중요하게 여기는 정신은 아이들에게 '건강하게 살아가는 힘'을 키워 주는 것이다. 그 힘은, 좋은 체력과 원만한 대인관계 그리고 자립심에서 나온다. 아이들이 자립심을 기르는 데에는 부모 역할이 특히 중요하다. 부모를 뜻하는 한자 '친親'자를 풀어보면, 나무(木) 위에 서서(立) 지켜본다(見)는 뜻이다. 부모가 아이를 지나치게 보호하거나 감싸고돌면 아이를 망칠 수도 있다. 한 걸음 뒤로 물러서서, 아이가 스스로 문제를 해결할 때까지 인내심을 가지고 지켜보는 것이 중요하다.

23기 켄노스케

산에 가면 아이들은 물 만난 물고기

기가 막혔다. 포장된 길을 기대한 것은 아니지만, 적어도 안전시설은 잘 갖추어진 산길이려니 짐작했다. 그런데 웬걸! '좋은 사이'가 활동하는 산은 말 그대로 자연 그대로의 산길뿐이었다. 오르막길 내리막길과 바윗길과 숲길이 꼬불꼬불하게 때로는 위태롭게 이어지는 산길을 가며 나는 어쩔 줄 몰라했다. 하지만 산길을 가는 아이들은 마치 '물 만난 물고기'처럼 자유롭고 편안해 보였다. 뒤처지지 않으려고 일단 딸아이 뒤를 부지런히 쫓아갔다. 겨우 만 세 살밖에 안 된 아이에게는 아무래도 위험천만해 보이는 길이었다. 그런데, 앞장서서 가던 아이들은 "오디가 있다!" "나방 애벌레야, 엄마에게 선물해야지!" 하며 산길에서 만난 온갖 자연물에 끊임없이 관심을 두었다. 하지만 그것은 아무것도 아니었다. 성인 남자인 내가 따라 가느라고 가쁜 숨을 몰아쉬는데, 아이들은 그 길에서 숨바꼭질까지 하는 게 아닌가.

21기 가즈시

커다란 4차원 주머니

딸아이와 함께 골짜기를 걸을 때였다. 딸아이가 산길에서 발견한 대나무 통을 데굴데굴 굴리며 한참 동안 놀더니, 그 대나무 통이 마음에 들었는지 꼭 끌어안고 가기 시작했다. 산길을 내려가던 아이가 이번에는 덩굴줄기를 발견하자 대나무 통 속을 그 줄기로 꿰어서 양손으로 잡고는 데굴데굴 돌렸다. 그러더니 또 대나무 통을 땅바닥에 내려놓고 덩굴줄기를 늘여 잡고는 끌고 가기 시작했다. 덜컹덜컹 소리를 내며 끌려오는 대나무 통 장난감은, 딸아이가 자연한테서 받은 선물이었다. 아이가 받은 것은 이것만이 아니었다. 윗옷에 달린 커다란 '4차원 주머니'에는 돌멩이와 나뭇잎, 여러 가지 나무 열매, 작은 나뭇가지들이 수북했다. 심지어 그 '4차원 주머니'에는 얼음까지 들어 있었다. 딸아이의 꿈이 소중하게 담긴 이 주머니는 나중에 아이가 살아가는 데 소중한 자산이 될 것이다.

21기 준

산에 사는 원숭이처럼 건강한 딸

네 살배기 딸아이를 두고, 나는 반 농담으로 "산山원숭이(두메산골에 사는, 세상 물정 모르는 사람을 비유한다_옮긴이 주)처럼 자라면 좋겠다"고 말하곤 했는데, 정말로 그렇게 되어 버렸다. 날마다 자연의 품에서 뛰어노는 덕분일까? 아이는 지금까지 한 번도 병원에 간 일이 없다. 열이 약간 있는 날에도 재미있게 뛰어놀고 밥 잘 먹고 푹 자고 일어나면 그만이다.

22기 마사야

낯가림이 없어졌다

어린아이가 낯가림을 하는 것은 낯선 사람에 대해 불안함을 나타내는 것이다. 낯가림이 심하던 아이가 '좋은 사이'에 다니면서 낯도 가리지 않고 활발해졌다. 자연에서 또래들과 어울리고 어른들 간섭을 받지 않으면서 자라다 보니, 마음이 편안해진 모양이다. 나 또한 '좋은 사이'에 가서 여러 엄마들을 만나면서부터 세상의 다양한 가치관을 인정할 수 있게 되었다.

19, 23기 가즈히로

숲활동을 통해 알게 된 풍부한 자연

휴일에 숲 활동 육아 품앗이를 하면서 아이들이 생활하고 자라는 장소로서 가마쿠라 시만한 곳이 없음을 확신하게 되었다. 최신식 놀이기구와 관상용 식물로 꾸며진 도심의 공원에서는 결코 체험할 수 없는, 드넓은 바다와 산에서 이루어지는 야외 놀이야말로 이 시대 아이들에게 정말로 필요한 활동이 아닐까 싶다. 어른들도 가슴 설레게 만드는 자연 세계가 우리 아이들 바로 곁에 펼쳐져 있다는 사실에 행복하다. 아이들이 자연의 품에 안겨 있을 때, 내 마음도 가장 편하다.

24기 준

인내심 가지고 기다리니 자주성을 발휘하는 아이들

처음 '좋은 사이'에 참가했을 때에는 위험한(또는, 내가 위험하다고 생각한) 곳에 있는 아이가 신경이 쓰여 조심하라고 경고하곤 했다. 그러나 지금은 지켜 보는 일에 익숙해졌다. 어른들은 인내심을 가지고 아이들의 자주성이 발휘되 기를 기다려야 한다. 어른들이 기다려 줄 때, 비로소 아이는 성장한다.

21, 23기 요시타카

멋지다! 좋은 사이

아이들이 밭에 들어가더니 브로콜리와 무를 거두어들였다. 채소도 척척 잘 씻 었다. 대단하다! 나는 서른두 살이 되어서야 처음으로 갓 딴 채소를 먹어 보았 건만, '좋은 사이' 아이들은 밭일까지 하다니!

산길은 오르는 것보다 내려가기가 더 어렵고 또 위험하다. 돌아가는 산길은 제 법 험했다. 무심코 도와주려고 하니, 선배 엄마들이 "손 내밀지 마세요" 하고 한마디씩 거들었다. 나는 길 밑에서 아이들을 받아 주는 역할을 맡았다. 오를 때는 모두 잘 올라가지만, 내려오는 일은 만만치가 않다. 어떤 아이는 겁을 내 고 물러서고, 어떤 아이는 울음을 터뜨리면서도 주르르 미끄러져 내려왔다. 그 러나 아이들은 대부분 엉덩이를 바닥에 대고 조심조심 잘 내려왔다. 멋지다!

18, 20기 히로유키

아이를 키움으로써 인생을 한 번 더 경험한다

엄마가 되고 아이를 키우면서 깨닫게 되는 것이 있다. 자기 몸에서 나온 아이지만, 자기와는 전혀 다른 인격을 가진 또 하나의 인격체라는 사실이다. 그러나 엄마들은 아이를 자기 자신보다 더 사랑하기에 아이의 인생을 자신의 인생인 듯 보게 된다. 아이가 넘어지기라도 하면 마치 자신이 넘어진 것처럼 통증을 느낀다. 아이가 개구리를 잡으면, 작은 벌레조차 만지지 못하던 자신은 온데간데없고 아이를 따라 개구리를 만져 본다. 작은 바위에 오르지 못해 울고 있는 딸을 보게 되면 엄마도 어쩔 줄 몰라 하며 힘들어한다. 이처럼 엄마는 아이가 생각하고 받아들이는 정보와 감정을 오롯이 자신의 것으로 받아들이며 다시 한 번 유아기를 체험해 나간다. 아이가 야뇨증이라서 걱정할 때 "괜찮아요, 좀 있으면 고쳐지니까"라고 주위에서 말해 주어도 여전히 끙끙거리며 고민하다가, 어느 날 갑자기 야뇨증에서 벗어나면 아이와 함께 언제 그런 일이 있었냐는 듯이 잊어버리는 것이 엄마다.

그런 점에서 부모는 아이의 나이만큼밖에 성장하지 못한다는 말은 아주 그럴듯하다. 아마 그래서인가, 네 살배기 외동아이를 가진 마흔 살 엄마가, 중학생인 첫째를 위시해서 아이 셋을 둔 삼십 대 엄마에게 꼼짝 못하는 경우도 있다.

아이가 자라는 모습을 보고 있노라면, 그 나이 때에 자기 자신은 어

땠는지 돌아보게 된다. 그러자면, 그전에는 한 번도 떠올려 본 적 없던, 유아기의 여러 가지 추억이 샘솟듯 떠오르게 된다. 말하자면, 자기 자신이 자각하지 못하던 유아기를 의식화함으로써, 또 한 번의 인생을 살게 되는 셈이다. 자신의 아이가 울거나 싸우거나 할 때마다 아이의 기분에 감정이입함으로써 자기 인생을 되돌아보게 된다. 그러면서 자신의 성격이 형성된 배경을 발견하거나, 어디서 실패했는지를 깨닫기도한다. 아이를 키워 본 엄마만이 발견할 수 있는 것들이다.

아이를 키우는 엄마는 또 감정이 풍부해지고 눈물이 많아진다. 아이가 열심히 달리거나 맛있게 먹는 모습을 보기만 해도 눈물이 나오고, 친구에게 손을 내미는 자신의 아이를 보거나 싸워서 울고 있는 다른 집아이를 봐도 눈물이 난다. 자기 아이가 잘못하면 그것을 부모인 자기

탓으로 돌리는 것 또한 면할 수 없다. 그때도 눈물을 흘린다. 실컷 울고
나면, 눈물이 마음을 정화시켜 복잡하게 끓던 마음도 차분해지고 시원
해지기도 한다. 어른이 된 뒤로는 좀처럼 경험하지 못하던 것이다.

　아이를 키우다 보면 감정의 폭과 이해심이 한층 더 넓어지는데, 그것
은 아이로 인해 희로애락을 더 많이 겪기 때문일 성싶다. 그래서 다른
사람의 아픔에도 민감해지고, 또 다른 사람뿐만 아니라 자기 자신도 너
그럽게 용서할 수 있게 된다. 그 모든 것의 발단은 다름 아닌, 자기 아
이다. 그러니까 아이를 키움으로써 알게 되는 은혜인 것이다.

부모도 다툼을 통해서 성숙해진다

'좋은 사이' 부모들 사이가 늘 화기애애한 것만은 아니다. 살아온 환경이 다르고, 나이도 제각각이고, 가정환경도 다양하고, 삶의 철학도 다르다. 또 '좋은 사이' 활동에 어느 정도까지 참여할 수 있는지도 개인 사정에 따라 모두 다르다.

일상생활을 해 나가는 것만도 힘에 부치는 엄마도 많다. 이웃한테서 도움을 받을 수도 없고, 그렇다고 녹초가 되어 밤늦게 돌아오는 남편에게 기댈 수도 없다. 겨우겨우 아이를 '좋은 사이'에 맡기는 그런 엄마한테 밭일에, 요리에, 시민단체 활동까지 하라고 요구하는 것은 무리다. 그렇다 보니, "나만 일하고, 아무도 도와주지 않아"라거나 "아무개 씨는 비협조적이야, 늘 핑계를 대고 도망가 버려"라는 식의 부풀려진 소문이 나돌기도 하고, 맥이 풀리는 사람이나 감정이 상하는 사람이 나타난다. 그런가 하면, 또 가정환경에 따라 외동아이를 둔 그룹, 첫아이 때부터 알고 지내 온 그룹, 첫아이가 '개구쟁이들'('좋은 사이' 부모들이 만든 숲유치원)에 다니는 그룹, 아기를 데리고 오는 그룹 등으로 나뉘어 파벌이 생기기도 한다. 소식을 알릴 때에도, 전자우편으로 소식과 정보는 일제히 돌릴 수 있지만, 그 과정에서 자칫 잘못하면 한쪽으로 치우쳐 버릴 우려도 없잖아 있다.

이런저런 소소한 일로 불만이 쌓이다 보면 결국 불신감이 생겨서 아이를 마음 놓고 맡기기가 어려워진다. 자기 자신에 대해 좋지 않은 감

정을 가진 사람이 당번을 맡을 때, 자기 아이에게 그 영향이 미치지 않을까 하는 걱정도 생긴다. 그러나 실제로는 천진난만한 아이들을 보면서 마음이 깨끗해져서, 의심이나 미움을 품고 있던 자기 자신이 부끄러워져 초심으로 돌아가고는 한다.

엄마들끼리 관계가 서먹해지는 일이 없도록 누군가가 미리 알아서 대처해야 한다. 엄마들 사이에 문제가 생기면, 그것은 당사자들의 문제에 그치지 않고 모임 전체에 영향을 미치기 때문에, 다함께 관심을 가지고 해결하려고 노력한다. 특히 새로 들어온 사람은 겉돌기가 쉬운데, 잘 섞이지 못하고 주눅이 들어 그만두어야 할까 하고 고민하지 않도록 경험이 많은 사람이 뒷받침해 주어야 한다.

감정 문제로 '좋은 사이'를 탈퇴하는 가정이 전혀 없는 것은 아니지만, 대부분 원만하게 해결된다. 이런 과정을 거치면서 엄마들은 또 한 단계 성숙해진다.

다투고 난뒤에 서로 받아들이다

'좋은 사이'라고 해서 늘 화목하지는 않다. 개성이 강한 엄마들이 모인 까닭에 갈등을 빚기도 한다. 특히 아이를 날마다 서로에게 맡기기 때문에 대놓고 얘기하게 된다. '혼자서 끙끙 앓는' 예는 별로 없다. 사람과 사람 사이에 갈등이 없을 수는 없다. 하지만 이런 갈등은 상대방을 서로 다른 인격체로 인식하고 받아들이게 하는 과정일 뿐이다. 조금 전까지만 해도 서로 다투던 아이들이 나란히 앉아 도시락을 먹는 모습을 보면서, 엄마들이 아이에게 한 수 배우기도 한다. 자기 자신을 돌아보고 다른 사람을 있는 그대로 받아들이는 마음을 배우고 있다.

17기 유우코

엄마끼리의 충돌로 얻은 것

행사를 준비하다가 한 엄마와 다투게 되었다. 그 엄마는 예전에 내가 일을 제멋대로 결정한다고 비판한 적이 있는데, 그 뒤로도 자주 갈등을 빚어 온 터였다. 너무 속상해서 주차장 구석에서 울고 있으려니 다른 엄마들이 와서 내 손을 잡아 주었다. 그러고는 "이야기를 들어 달라고 하세요" 하면서 아이카와 선생한테 나를 데리고 갔다. 아이카와 선생이 말했다. "자기 세계를 넓힐 때에는 아군도 생기고 적도 생기는 법이지요. 열 명의 적이 생기면 열 명의 아군이 생기죠. 크게 신경 쓰지 마세요. 당신 곁에는 당신을 응원해 주는 벗이 많잖아요." 아이카와 선생 말마따나 내 곁에는 나를 아끼고 격려하는 벗들이 있었다. 나는 왜 그들을 보지 못했을까. 그 말은 내게 힘과 용기를 주고 나를 성장하게 하였다. 그 뒤, 함께 다투던 엄마와는 마음을 터놓고 이야기하면서 서로를 이해하고 받아들일 수 있게 된 것은 두말하면 잔소리!

21기 사치코

공동생활은 즐겁다

아이도 부모도 즐거운 오후 놀이

숲 활동을 끝낸 아이들은 해산 장소에서 그대로 놀기도 하고 친구 집으로 몰려가기도 한다. 아이들이 오후 시간을 보내는 곳은 다양하다. "오늘은 하꾸 집에 갈래!" 하고 한 아이가 말하면, 너도나도 자연스럽게 하꾸 집으로 발길을 옮긴다. 오후 놀이 장소는 그렇게 어렵지 않게 결정된다.

오후 놀이는 아이들도 좋아하지만, 엄마들도 아주 좋아한다. 활력이 넘치는 아이를 집으로 데려가는 것보다 아이들끼리 마음껏 놀 수 있게 하는 것이 더 낫기 때문이다. 엄마는 그 사이에 다른 볼일을 볼 수도 있고, 여유 있게 저녁 준비를 할 수도 있다. 사정을 모르는 사람들은 오후 놀이 장소가 된 집의 엄마한테 "여러 아이들을 맡아 보는 건 큰일이잖아요?" 하고 걱정하는데, 사실은 그리 어려운 일도 아니고 큰일도 아니다. 엄마들은 '좋은 사이' 기본 규칙인, '입은 다물고, 손은 뒤로'를 지키기만 하면 된다.

엄마들이 어쩌다 친척 아이를 맡아서 돌보다 보면, 아이가 단 한 명인데도 손이 많이 가는 것에 놀라게 된다. 그 아이는 어른에게 무언가를 끊임없이 허락받고 보고한다. "그림 그려도 돼요?" "음료수 마셔도 돼요?" "다짱이 크레파스를 빌려 주지 않아요." 이처럼 어른들의 판단

에 의지하는, 수동적인 아이와는 달리, '좋은 사이' 아이들은 어른에게 무언가를 보고하며 결정해 주기를 바라는 일이 거의 없다. 저희끼리 이야기해서 문제를 해결하기 때문이다.

보통 오후 놀이에 참가하는 아이들은 그날그날에 따라 들쭉날쭉하지만, 대체로 열 명 남짓한 아이들이 한 집으로 놀러 간다. 오후 놀이를 도와주는 엄마도 한두 명 함께 간다. 집으로 들어온 아이들은 먼저 몸을 깨끗이 씻는다. 숲 활동을 하면서 손발이 흙투성이가 되기 때문이다.

"자! 모두 엉금엉금 기어서 욕실까지 가렴."

아이들은 발바닥을 들고 욕실을 향해 한 줄로 기어간다. '다 함께 목욕하기'도 아이들이 특별히 즐기는 놀이인 셈이다. 혼자 힘으로 머리를 감고 몸을 씻는 아이가 있으면, 그러지 못하던 아이도 자극을 받아 혼자 힘으로 씻게 되기도 한다. 이렇게 아이들은 서로에게 알게 모르게 영향을 주고받으면서 성장한다.

한바탕 요란하게 몸을 씻은 아이들은 간식을 먹고 자유롭게 놀기 시작한다. 이때부터는 엄마들도 한결 느긋해진다. 차를 마시면서 행복한 오후 한때를 보낸다.

저녁 식사를 다 함께 만들다

"오늘 저녁은 어떻게 할까?"
"우리 남편은 출장 가서 오늘 안 와."
"우리 남편도 늦는대."
"그럼, 오늘 저녁은 같이 먹을까?"

이렇게 자연스럽게 작은 잔치가 열리게 되었다. 나중에 아이를 데리러 온 엄마들도 함께 저녁을 준비한다. 요리를 잘하는 엄마가 있으면 그 자리는 바로 요리교실이 되기도 한다. 관서지방식 부침 요리, 본고장에서 온 한국 김치로 만든 김치 전골, 간단한 카레 볶음밥, 우엉을 많이 넣은 닭고기 계란덮밥, 채소를 듬뿍 넣은 토마토 수프 등등. 냉장고에 하릴없이 쌓여 있던 음식 재료들이 이럴 때 빛을 본다.

아이들도 다 함께 먹는 저녁 식사를 좋아한다. "식사 시간!" 하고 외치면 아이들은 우르르 몰려 와 밥 먹을 때 부르는 노래하고 저녁을 먹는다. 이렇게 여러 식구가 모여 먹으면, 아이들은 다른 사람들을 따라 평소에는 먹지 않는 반찬도 먹게 된다. 이런 자리를 통해 편식하는 습관도 자연스럽게 사라진다. 아이들은 서로 앞다투어 "더 주세요, 더 주세요!" 하며 밥그릇을 내민다.

많은 아이가 뛰어노는 집은 그야말로 난장판이 되고, 빨랫감도 산더미처럼 쌓이게 된다. 그러나 엄마들이 아이들을 씻기면서 함께 치우기 때문에 집을 빠르게 치울 수 있다. 아니 그전보다 더 깨끗하게 정리되기도 한다. 오후 놀이에서 저녁 식사까지 이어진 날에는 아이들도 지치기 마련이다. 친구들이 집으로 돌아가자 아이는 곧바로 잠든다. '좋은 사이'를 만나면서 알게 된 공동체생활의 즐거움을 만끽하고 있다.

21, 23기 도시미

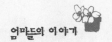

건전한 공동체의 도움을 받다

'좋은 사이'는 사이좋은 사람들의 모임이라고 부를 수 있지만, 아이들 사이에 생긴 유대감은 '사이좋다'라는 관계를 넘어 마치 '전우애'와 같다. 함께 덤불을 헤쳐 나가고, 비를 맞고, 나무열매를 따 먹고 또 서로 도우며 활동하는 모습을 보면서 든 생각이다. 어느 가을날 바닷가에 갔을 때의 일이다. 아이들은 옷을 벗고 바다로 뛰어들었는데, 갑자기 비가 내리기 시작했다. 아이들은 당황하지도 서두르지도 않고 침착하게 물에서 나와 옷을 입고 배낭에서 우비를 꺼내 입었다. 그런 아이들 모습을 보면서 나는 아이들 사이에서 강한 연대감을 느꼈다.

물론 엄마들 사이의 연대감도 대단하다. 아내는 남자인 나도 하기 벅찬 일을 동료 엄마들과 힘을 합쳐 해결하곤 했다. 지금은 나 또한 '좋은 사이' 아빠들과 마음을 열고 편하게 지내는 사이가 되었다. 그러고 보면 '좋은 사이'는 요즘 시대에는 보기 드문 참된 마을공동체가 아닌가 싶다.

21기 준

제3장　　　　　　　　　　　사회와 관계를 맺다

숲 활동 터전을 지키다

시민활동단체를 만들다

1990년 초봄, 시에서 야마사키 산골짜기에 공원을 만든다는 소식이 들려왔다. '좋은 사이'가 숲 활동을 하는 산골짜기에 들어설 공원 이름은 가마쿠라중앙공원이었다. 시에서 발표한 공원기본계획도에는 야외극장, 식물원, 캠프장, 덩굴로 만든 다리 따위가 포함되어 있었다. 인공시설물들이 산골짜기를 뒤덮은 그 공원기본계획도를 보면서 아연실색할 수밖에 없었다. 우리는 가마쿠라 시내에 있는 환경보호단체를 방문해 대책을 의논하고, 환경과 관련해 주민설명회를 여는 등 자연 숲을 지키기 위해 바쁘게 움직였다. 아울러 '좋은 사이' 엄마들은 시 공원과에 찾아가 항의를 하기도 했다.

"아이들에게는 물웅덩이가 있는 흙길이 필요합니다."

"올챙이나 개구리가 사는 논을 없애지 말아 주세요."

자연 골짜기와 야마사키 생태계를 지키기 위해서, '좋은 사이'는 숲 활동 육아 품앗이 모임에서 시민활동단체로 변모해야 했다. 그래서 현역 엄마들과 이미 아이가 졸업한 엄마들 그리고 보육사들이 모여 '야마사키 골짜기를 사랑하는 모임'을 만들었다. 이 발족식 소식은 매스컴을 통해 널리 보도되었고, '야마사키 골짜기를 사랑하는 모임' 회원은

백 명 이상으로 빠르게 늘었다. '좋은 사이'가 시민활동단체로 탈바꿈하게 된 것이다.

공원조성계획은 엄마들의 의식을 바꾸어 놓는 계기가 되었다. 육아를 하면서 엄마들은 '골짜기'라는 낱말을 자주 썼다. 자연으로써 '골짜기'가 우리에게 얼마나 소중한 존재인가를 인식하게 된 것이다. 그런 엄마들의 생각은 아이들에게도 자연스럽게 스며들었다. 아이들은 다른 지역의 골짜기를 찾을 때에도 "논이 있네.", "올챙이가 살고 있을까?" 하고 관심을 두게 되었다.

이렇게 시민활동단체를 발족하긴 했으나, 공원조성계획을 막기 위한 구체적인 실천방안이 문제였다. '어떤 방식으로 활동할 것인가?' 머리를 맞댄 끝에, 우리는 우선 야마사키와 비슷한 선례를 찾아 견학하기로 했다. 요코하마 시의 쯔루오카 공원을 비롯한 주변 지역의 근린공원, 숲, 골짜기 등을 살펴보았다.

우리가 찾은 공원들은 모두 똑같은 모습이었다. 정원을 만들어 그 안에 꽃을 키우고 사람들은 화단 밖에서 꽃을 구경했다. 동물원에서 동물을 가두어 놓고 구경하듯이 공원에는 인공적인 구조물을 만들어 그곳에 꽃과 나무를 조성하고 사람들은 그것을 관람했다. 똑바로 줄을 맞춰 심은 나무들과 단조로운 길은 여느 공원이나 한결같은 모습이었다. 옆에서 함께 걷던 한 아이가 "걷기 힘들어!"라며 울먹인다. 이런 공원길에서 아이들이 할 수 있는 일이란 별로 없다.

그러는 사이, 공원 공사가 시작되었다. '좋은 사이' 아이들이 뛰어놀던 곳은 '관계자 외 출입금지' 구역이 되고, 숨바꼭질이나 비밀기지놀이를 하던 습지는 공사 장비에 의해 파헤쳐져 흙구덩이가 되었다. 어느 날 한 아이가 손가락으로 골짜기를 가리키며 외쳤다.

"골짜기가 갈색이 됐어!"

반딧불이 그림연극

'야마사키 골짜기를 사랑하는 모임'을 시작한 이듬해인 1991년 6월. 많은 사람에게 야마사키 골짜기를 알리기 위해 반딧불이 관찰 행사를 열기로 했다. 신문 매체를 통해 홍보가 나가자마자 행사 참여 문의가 빗발치고 수많은 신청 엽서가 날아들었다. 하지만 기껏해야 수십여 마리밖에 없는 반딧불이를 보기 위해서 많은 사람이 몰려든다면, 그것은 자연보호에 어긋나는 일이었다. 우리는 서둘러 관찰 행사 날짜를 늘여서 참가자를 분산시킬 수밖에 없었다. 그 행사를 정신없이 치르면서, 우리는 반딧불이로 이목을 끄는 것보다는 반딧불이 보호를 호소하는 그림연극을 하는 것이 바람직하다는 결론을 내렸다.

'좋은 사이'에는 그림 솜씨가 좋은 엄마도 있고, 디자이너도 있어서 그들이 재능을 발휘할 좋은 기회이기도 했다. 그 이듬해 봄, 그림 스물다섯 장으로 구성된 반딧불이 그림연극 대본이 완성되었다. 그런 과정을 거쳐 반딧불이 그림연극은 6월 주말 저녁마다 상연하게 되었다. 날이 어둑어둑해질 무렵, 아이들은 야마사키 골짜기 입구에 있는 사자바위에 오른다.

"반딧불이 수명은 겨우 사흘이에요."

"천 개나 되는 알 가운데 성충이 되는 것은 단 세 마리밖에 되지 않아요."

어른들도 어린이들도 그림연극에 빠져든다.

"잡으면 안 돼요."

"손전등을 켜면 안 돼요."

아이들이 어른에게 주의를 환기한다. 공연은 반딧불이가 가장 아름답게 빛을 내는 여덟 시에서 여덟 시 반까지 이어진다. 이 연극은 지금까지 해마다 상연해 오는데, 그럴 때면 '좋은 사이' 출신 아이들이 연극 상연에 필요한 일을 돕겠다고 나선다. 그림연극은 곧 지역에 소문이 나서, 초등학교에서 공연하기도 했으며 어린이 모임 등 여러 단체에서 이 연극을 보기 위해 야마사키를 찾는다.

논 가꾸기 반을 만들다

'야마사키 골짜기를 사랑하는 모임'이 발족된 뒤로 '시민의 힘으로 논을 지키자'라는 생각을 가진 사람들이 하나둘 모였다. 야마사키 골짜기에서 마지막 쌀농사를 하는 농부를 찾아가 이 모임을 만들게 된 취지를 설명했다. '야마사키 골짜기를 사랑하는 모임'은 벼 베기를 돕고, 농부는 쌀농사를 가르쳐 주기로 했다. 그 이듬해 5월에는 논 일구기 작업에 더 많은 가족이 참가했다. 논 일구기는 지난해 벼 그루터기를 하나씩 뒤집어엎어 땅을 가는 작업이라서 초보자도 어렵지 않게 할 수 있다. 그렇게 초보 농부들은 몇 해 동안 쌀농사 수업을 받았으며, 마침내 1997년 가마쿠라중앙공원에서는 이 논을 '시민 체험의 논'으로 자리매김하게 되었다.

'시민 체험의 논'에서 수확한 쌀 일부는 작업에 참가한 자원봉사자가 시식할 수 있다. 모내기와 벼 베기 때에는 처음으로 참가하는 사람들이 많기 때문에 지난 해 수확한 쌀로 만든 주먹밥을 점심식사로 내놓는다. '좋은 사이'에서 주먹밥을 만드는데, 이 일은 주로 농사일을 하기 힘든 임신부나 젖먹이를 둔 엄마들이 맡는다.

모내기를 하기 전에는 모종 뽑는 작업에 손이 많이 간다. 6월 초순 주말에 있을 모내기에 대비해 그 전날까지 모종들을 논 구석구석에 갖다 놓아야 한다. 밭 모판에 쪼그려 앉아 십 센티미터 정도 자란 모를 하나씩 정성 들여 뽑는다. 목요일과 금요일의 숲 활동 중에 담당 이외의 엄마들이 일을 거든다. 처음해 보는 사람이거나 혹은 요령이 없어 다소 일이 더디다 해도 일손이 모자란 이 시기에는 큰 도움이 된다.

2004년에 가마쿠라중앙공원이 완공되면서 '야마사키 골짜기를 사랑하는 모임'은 새로 발족한 '가마쿠라중앙공원을 키워가는 시민의 모임'에 흡수되었으며, 논 가꾸기 활동은 '좋은 사이'가 중심이 되어 지금도 이어가고 있다.

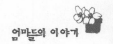

모종 심기에 흠뻑 빠지다

모가 물에 잠겨 있는 모습밖에 본 적 없기 때문에 밭에 있는 모종을 보고 놀랐다. 그 모종을 옮겨 한 모씩 논에 심는 작업에 흠뻑 빠졌다. 맨발로 논에 들어갔을 때, 발바닥에 전해 오는 그 느낌을 잊을 수 없다. '어머, 논바닥은 이렇게 차갑구나!' 태어나 처음으로 해보는 논농사는 나에게 새로운 발견의 연속이었다.

23기 아키코

부드러운 흙을 몸으로 느끼다

논을 일구는 흙 뒤집기 작업부터 써레질, 논두렁 만들기, 경운기 작업 등 여러 사람이 힘을 모아 시작한 논농사. 한손에 모종을 쥐고 한 걸음 한 걸음 천천히 나아가며 모종을 심을 때, 발바닥에 닿는 논바닥의 감촉은 정말이지 곱고 부드러웠다. 농사일이 고되기는 하지만, 생명을 일구는 일이기에 지금까지 내가 해온 어떤 일보다도 보람 있는 일이 아닐까 하고 생각했다. 올해는 입덧으로 논일을 할 수 없지만, 논일을 하면서 잉태한 내 아이는 어쩌면 훌륭한 농부가 되지 않을까?

21기, 22기 토오코

습지 복원 작업

'가마쿠라중앙공원을 키워가는 시민의 모임'에는 일곱 개 반이 있다. 논, 밭, 잡목림 관리, 농사 기술, 자연놀이, 생태계 보호, 식물 육성 반이 그것이다. 각 반은 자원봉사자로서 참가한 회원들이 작업을 진행해 나가고 있다. 반 활동의 목적은 '골짜기의 경관과 농업 생태계를 보호'이다.

'좋은 사이' 가족은 거의 모두 회원으로 소속되어 있지만, 주말마다 참가하기란 어렵다. 그래서 봄, 가을, 겨울에 열리는 친목회 날에 빠짐없이 자원봉사로 습지복원작업을 하고 있다. 습지에 해마다 무성하게 자라는 갈대나 물풀을 뿌리째 뽑아 습지가 마르는 것을 막고 습지 수면 면적을 확보하는 것이다.

어른 무릎까지 올라오는 늪에 맨발로 들어가 삽이나 써레를 써서, 진흙투성이가 되어가며 일구어 나간다. 혼자 하기보다는 여럿이 힘을 모으면 힘도 덜 들고 작업 능률도 잘 오른다. 그래서 이런 날에는 아빠들도 총출동해서 마음먹고 작업한다. 새로 들어온 사람은 선배 뒤에서 따라 한다. 작업이 끝나면 머리부터 발끝까지 진흙투성이가 된다.

습지가 깨끗해지면 다시 잠자리가 날아오고 산란을 하는 등 이곳에서 뭇 생명이 다양한 생명활동을 할 거란 기대에 아빠들은 즐겁기만 하다. 다만, 익숙하지 않은 작업을 하느라 손에는 물집이 생기고 늪을 이리저리 헤맨 탓에 허리와 다리가 저려오는 것을 이겨내야 한다. 평균 나이가 삼사십 대인 '좋은 사이' 부모들에게는 중노동임이 틀림없다.

일한 뒤에 먹는 밥맛은 꿀맛이 따로 없다. 더군다나 골짜기나 '좋은

사이' 밭에서 수확한 채소 그리고 바다와 산에서 구한 자연 재료를 쓴 요리이니 더할 나위 없다. 야마사키 산産 대두 '타노쿠로 콩'으로 만든 된장국의 국거리는 각종 감자류와 바다에서 주운 해초. 골짜기 쌀의 주먹밥을 장식하는 것은 매실 장아찌, 차조기 열매, 참마 싹, 감자류, 말린 무청, 깨 등 모든 것이 손수 만든 것들이다. 골짜기에서 난 밀을 이용한 두부구이, 쿠키, 경단도 있다. 감자, 고구마, 토란은 튀기고 찌고 굽고 으깨는 등 요리법에 따라 진수성찬이 차려진다. 후식은 붉은 차조기, 매실, 오디, 감, 하귤(여름 밀감) 등 제철 과일이나 채소로 만든 양갱이다. 모든 음식은 도시 생활을 하는 사람들이 흔히 맛볼 수 없는 건강식으로 이러한 소박한 식사야말로 오히려 현대를 살아가는 사람들이 부러워할 식단이다.

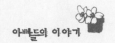
아빠들의 이야기

지속 가능한 삶을 꿈꾸며

아이와 함께 참가한 논일을 계기로 '가마쿠라중앙공원을 키워가는 시민의 모임' 회원이 되었다. 처음에는 취미활동쯤으로 생각하며 시작했다. 내가 시간이 날 때, 내가 나가고 싶을 때, 그야말로 '손님' 같은 기분으로 참가했다. 그렇게 한두 번 참가하면서 선배들로부터 산을 보호하는 의미나 자연을 지키기 위한 사람들의 지난 노력을 들을 수 있었다. 그런 이야기들을 들으면서 내 마음가짐도 조금씩 바뀌었다. 많은 사람들이 외치는 지속 가능한 삶도 결국 자연 없이는 불가능하다는 생각이 들던 어느 날 그 모임에 손님이 아니라 주인의식을 갖고 참여하고 있는 내 자신을 발견했다.

11. 15기 도시후미

자연스럽게 몸이 움직인다

처음에는 아이카와 선생의 지시에 따라 어쩔 수 없이 하는 마음도 있었다. 풀이 무성한 습지대를 보며 저 풀들을 언제 다 베나 하는 걱정이 앞섰다. 그런데 작업용 신발을 신고 막상 낫을 잡아보니 자연스럽게 몸이 움직였다. 비록 내가 작업하던 아빠들 중 가장 먼저 진흙바닥에 엉덩방아를 찧긴 했지만, 일을 마치고 나니 평소 직장생활에서는 느끼지 못했던 어떤 자부심이 들었다. 자원봉사라고 말하기엔 쑥스럽지만, 우리 아이들의 놀이터를 가꾸는 일에 동참했다고 생각하니 괜히 어깨가 으쓱해진다.

21기 시게노리

지역의 자녀 양육의 모델

육아 살롱의 안내자 역할

1994년 저출산 대책 아동복지를 전문으로 활동하는 주임아동위원 제도가 생겼다. 당시 가마쿠라 시에서 열세 군데 어린이회관을 돌아가면서 지역에서 고립되기 쉬운 엄마와 자녀 간의 만남의 장을 마련하기 위해서 '육아 살롱'을 개설했다.

하지만 훌륭한 자연환경을 가진 가마쿠라 시에서 실내 활동만 하는 게 안타깝다는 의견이 있었다. 야마사키 골짜기에 있는 가마쿠라중앙공원도 이용하자는 제안이 주임아동위원에서 나왔다. 그렇게 해서 '좋은 사이'가 '육아 살롱' 부모와 아이들에게 자연에서 노는 법을 가르치기로 결정했다.

'좋은 사이' 아이들이 사자바위에 올라타기도 하고 절벽을 타고 올라갔다가 미끄럼을 타며 흙투성이가 되도록 노는 모습을 보면서 '육아 살롱' 아이들과 부모들도 따라 하면서 즐기고 금방 놀이에 익숙해진다. 옷이 더러워지는 것은 아랑곳하지 않고 활기차게 논다.

"이 나무 열매는 이런 맛이 나는구나."

콧물이 나면 나뭇잎으로 스윽 닦는 아이도 보인다. 만 한 살배기지만, 혼자서도 척척 옷도 잘 입는다. 울다가도 기분이 풀리면 다시 놀거리를 찾아 친구에게 다가간다. 아이들의 이러한 변화를 보면서 부모들

은 깜짝 놀라게 마련이다. '아이는 부모가 돌보지 않으면 안 된다'라는
고정관념이 여지없이 깨지는 순간이다.

　그리고 '좋은 사이' 엄마들과 이야기를 나누면서 '좋은 사이'가 결
코 특별한 사람들이 모인 곳이 아니라 그들도 육아 문제로 고민한 적
있는 평범한 엄마들임을 알게 된다. 숲 활동 육아 품앗이는 누구나 할
수 있는 육아 방식이라는 것도 알게 된다.

발전하는 숲 활동 육아 품앗이

　'육아 살롱'은 여러 지역으로 널리 퍼져나가면서 후카자와 지역에서

시작된 '후카자와 키즈넷'에서는 '좋은 사이' 엄마들이 육아 품앗이 경험을 이야기할 기회가 있었다. 육아 품앗이가 아이 성장에 어떤 영향을 미쳤다고 생각하는지 그리고 엄마 자신의 삶과 가치관에는 어떠한 영향을 미쳤는지에 대해 진솔하게 전달하는 것이다.

이 강의를 들은 부모들은 숲 활동 육아 품앗이에 깊은 관심을 보였고, 또 몇몇 부모는 육아 품앗이 모임을 만들자는 움직임을 보였다. 이렇게 해서 2000년에 숲 활동 육아 품앗이 모임 '싱글벙글'이 탄생하게 되었다.

'싱글벙글'은 처음에는 전임 보육사 없이 시작했지만, 나중에 '좋은 사이' 출신 엄마를 보육사로 초청했다. 육아 품앗이 모임에서는 전문 보육사 자격증이나 유치원 교원 자격증은 필요 없다. 숲 활동 육아 품앗이 경험이 풍부한 엄마라면 누구나 보육사로서의 역할을 맡을 수 있다.

가마쿠라 시 서쪽에는 매력적인 자연환경이 펼쳐져 있는 히로마치 지역이 있다. 1997년 이웃 도시인 후지사와시의 엄마들은 그곳을 활용해 숲 활동을 시작하고 싶다며 육아 품앗이 모임 '달팽이'를 만들었다. 여기에도 '좋은 사이' 출신 어머니가 보육사로 활동하고 있다.

아이가 '좋은 사이'를 졸업한 뒤에 기존의 유치원에 보내기를 주저하는 엄마들이 해마다 있었다. 어느 유치원이 비교적 자유스럽고 활기차게 바깥놀이를 시키는지, 엄마들은 이곳저곳 견학했지만, 그런 유치원은 없었다.

"엄마들끼리 유치원을 만들어 보는 건 어때요?" 나는 유치원 문제로 고민하는 엄마들에게 기회가 있을 때마다 권했다. 그런 내 제안을 받아들여 실행에 옮긴 것은 '좋은 사이' 11기 부모 다섯 명이었다. 11기 부모가 모두 함께 검토해서, 열다섯 가정 가운데 다섯 가정이 첫 시도를 하게 되었다. 여러 번 토의한 결과, 아빠들도 운영 주체가 된다는 것에 합의했다. 이렇게 해서 1997년에 숲 활동 유치원 '개구쟁이들'이 탄생하게 되었다. 전임 보육사를 두는 것을 검토하기도 했지만, '좋은 사이'에서 얻은 경험을 바탕으로 부모가 중심이 되어 이끌어나가기로 뜻을 모았다.

전문 보육사가 주축이 되어 활동하던 '좋은 사이'에서의 시간과 엄마들이 주도해서 움직여야 하는 '개구쟁이들'은 크게 달랐고 여러 가지 의문점도 생기는 등 적지 않은 어려움이 따랐다. '아이들 싸움은 어떻게 대처하면 좋을까?' '개성이 다른 아이들의 특성을 발휘시키기 위해서는 어떤 숲 활동이 좋을까?' 따위의 문제가 생겼고, 부모들은 함께 해결책을 찾아야 했다. 아이들 싸움에 부모가 나서는 것은 좋지 않지만 그래도 적절한 선에서 아이들과 대화를 해보는 것이 필요하다고 의견이 모아졌다. 그리고 아이들의 개성을 발휘시키는 교육으로 반나절 정도는 마음껏 자연에서 뛰어놀며 자기 개성을 발휘할 수 있도록 하자고 결정했다. 그 외에도 숲 활동 장소, 소지품, 당번 등 한 가지 또 한 가지를 철저하게 토론하고 언쟁을 벌이기도 하면서 조금씩 발전해 가고 있다.

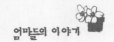

자기들이 선택할 수 있는 자유로움

'개구쟁이들' 은 특정한 원사 건물 없이, 모임 운영에서 숲 활동까지 엄마들이
담당하고 있다. '개구쟁이들' 에 입회하는 것에는 주저함이 없었지만, 숲 활동
담당을 맡을 때에는 보육사로서의 역할과 책임을 다할 수 있는지에는 적잖이
부담을 느끼고 있었다.

그런 가운데 맞이한 첫 숲 활동 담당 첫날. 인솔해야 할 아이들은 열세 명이고,
엄마들은 갓 입회한 세 사람뿐이었다. '좋은 사이' 와는 달리 전임 보육사도 없
다. 그래도 세 해 동안 '좋은 사이' 에 다니면서 쌓은 경험을 믿었다. 기대도 있
었지만, 걱정 또한 컸다. 길을 잘못 든다면? 무슨 문제가 생긴다면? 나는 보육
사로서의 역할을 다 할 수 있을까?

아이들은 '좋은 사이' 출신 일곱 명, 다른 육아 품앗이 모임에서 들어온 다섯
명, 유치원에서 편입한 아이 한 명. 숲 활동 육아 품앗이 모임에서 자란 아이들
이 대부분이라서 차츰 긴장감이 사라지고, 산등성이 길에 들어설 쯤에는 평상
심으로 돌아갈 수 있었다. '오늘은 어디로 가는 걸까?' 아이들은 서로 얼굴을
마주 보며 싱글벙글 즐거워 보인다. 흙투성이가 되는 것도 신경 쓰지 않고 오
르막길이든 내리막길이든 내딛는 발걸음이 경쾌하다. 아무런 불안감 없이 즐
겁게 산길을 헤쳐 나가는 엄마들에겐, 새롭게 숲 활동을 시작한 부담감은 어느
새 사라지고 없었다. 한 엄마가 웃으며 말한다. "뭐야, 할 만하네!"

'개구쟁이들' 에 들어오기 전에 '좋은 사이' 에서 숲 활동을 몸에 익힌 아이들은
평소와 다르지 않았다. 유치원에서 의견을 같이 하는 뜻을 품고 들어온 부모

와 아이 모습에서도 활기를 느낄 수 있었다. 그런 가운데 나는 그들에게서 큰 신뢰감을 얻었다.

지난 세 해 동안 우리 아이와 그 친구들이 성장했음을 피부로 느끼고 동시에 감사하는 마음이 솟아올라 나도 모르게 눈물이 맺혔다. 그 순간 "앞으로 이태 동안 이 아이들과 함께 걸어가고 싶다!"라는 생각이 강하게 들었다. 그러고는 '출발!' 하고 마음속으로 중얼거렸다.

'개구쟁이들' 첫날은 비가 흩뿌렸으나. 아이들 걸음 속도도 좋았고 모두 웃으며 돌아올 수 있었다. 집으로 돌아온 아이들을 환한 미소로 맞는 엄마들을 보면서, '이런 엄마들과 숲 활동 육아 품앗이를 함께할 수 있다니, 정말 행복해!' 하는 마음이 들었다.

'개구쟁이들' 운영 역시 '좋은 사이'와 마찬가지로 엄마들이 협의해 나아갈 방향을 결정하고 아이들이 최대한 자유롭게 지낼 수 있도록 배려한다. 자유에는 책임이 뒤따르듯이 '개구쟁이들' 엄마들은 대부분 자기 책임의 의미를 알고 있기 때문에 어지간해서는 아이들의 자유를 제한하지 않는다. 할 수 있는 일은 하고 할 수 없는 일은 무리하지 않는다. 그리고 형제자매의 구성이나 가정환경의 차이를 고려해서 운영하기 때문에 서로 도움을 주고 있다.

21, 22기 토오코

당신이 자녀를 키우는 방식은 나의 본보기입니다

이웃에 사는 출산 휴가 중인 초등학교 선생님이 내게 물었다.
"도대체 어떤 식으로 아이를 키우시나요?"
육아 품앗이 모임을 통해 자연에서 키우고 있다고 하니 이렇게 말하는 것이었다.

"역시! 요즘 이렇게 눈이 빛나는 아이는 드물어요. 당신이 아이를 가르치는 방식은 나에게는 무척 좋은 본보기예요."

21, 22기 쿠미코

숲 활동 육아 품앗이와 보육원

출산 때문에 큰 아이를 보육원에 맡기게 되었다. 보육원 시설은 훌륭했다. 교육 프로그램도 알차 보였다. 예쁘게 꾸며진 놀이방과 다양한 놀이도구, 선생님은 친절했고 점심 식단은 다양한 먹을거리로 풍성했다. 그런데 좋다 싶은 것은 딱 거기까지였다.

아이들은 선생님이 지시하기를 기다리고 또 지시에 따라 행동했다. 선생님은 교육과정에 맞춰서 보육하는 것을 가장 중요한 목표로 삼고 있는 듯했다.

어느 날, 발표회 연습을 하는 아이를 보게 되었다. 만 한 살배기 아이가 물건을 사는 연습을 하고 있었다. 사야 할 물건이 그려진 종이를 들고, 두꺼운 종이로 만든 돈으로 선생님한테 옷을 산다. 물건을 사는 데 필요한 행동을 하지 않은 아이는 선생님한테서 주의를 받았다. 아이는 같은 행동을 되풀이하면서 겨우 목표를 달성하게 된다. 큰아이 반은 춤 연습을 하는데 거기서도 선생님 고함이 교실에 울려 퍼지고 있었다. 동작을 틀리게 한 아이는 야단을 맞았다.

발표회를 하는 날. 아이들은 자기가 배운 것을 훌륭하게 해냈고 부모들은 기뻐하며 칭찬을 아끼지 않았다. 그러나 아이가 어떤 준비 과정을 거쳐 발표회를 여는지를 지켜봤다면 정말로 기뻐할 수 있을까?

숲 활동 육아 품앗이의 좋은 점은 부모가 보육에 직접 참여하기 때문에 아이들의 생기가 넘치는 모습을 지켜볼 수 있다는 점이다. 그리고 부모가 실제로 체험하면서 무엇이 아이들에게 진정으로 소중한 것인지를 알게 되는 것이다.

17, 19, 23기 유카

숲 활동하던 시절로 돌아가고 싶다

"딸을 원숭이로 만들 생각은 없어!"
딸을 '개구쟁이들'에 보내는 것에 대해 상의할 때 남편이 한 첫 마디였다.

이곳으로 이사 와서 친구 하나 없던 딸아이와 나에게 '좋은 사이'는 참으로 좋은 친구가 되어 주었다. 그렇게 숲 활동 육아 품앗이에 푹 빠져서 다섯 해를 보냈다. 초등학생이 된 두 아이는 지금도 "'개구쟁이들'에 돌아가고 싶어" 하고 말한다.

'개구쟁이들'은 부모가 보육사가 된다. 사고방식의 차이나 성격의 불일치 등 문제도 생긴다. 그럴 때마다 서로 이야기를 나누고 울고 웃고. 물론 그런 모습을 능숙하게 멀리서 바라만 보는 타입의 사람도 있지만, 부모가 여러 가지 문제로 고민하는 정도가 딱 좋다. 아이들에게 지나치게 간섭하지 않게 되니까. 아이들에게 배우는 일, 자연에서 배우는 일, 자기 혼자서는 살아갈 수 없다는 것. 많은 것을 배우게 된 숲 활동 육아 품앗이. 무슨 일이든 피하려고 하지 않으면 배울 것은 많다.

"딸을 원숭이로 만들 생각은 없어!"라고 말하던 남편은 어쩌면 육아 품앗이의 가장 큰 수혜자이다. 그곳에서 만난 아빠들과 만남을 이어오면서 자주 '한잔' 기울인다. 나는 살며시 "여보, 아이보다도 당신이 가장 잘 즐기고 있는 거 아녜요?"라고 말한다.

15, 17기 도모미

금기사항이 없으므로 생기게 되는 순발력

아이들은 어떤 문제에 부딪쳐도 어른들 개입 없이 문제를 해결하고, 또 엄마들은 함께 문제를 해결하기 위해 무릎을 맞댄다. '개구쟁이들'에서는 실수를 해도 좋으니까 '개구쟁이들' 방식대로 해보자는 정신이 있다. 또 엄마들이 문제를 의식해서 궤도를 수정하는 것도 '개구쟁이들'이 금기사항이 없는 작은 집단이기에 가능하고, 그것이 순발력으로 이어지는 것이다.

21기 나오코

존재 가치를 확인하다

'좋은 사이'에 들어오기까지는 날마다 집안일과 아이 키우기에 정신없이 쫓기며 살았다. 내 나름대로 한다고는 했지만, 가족들이 별로 고마워하는 느낌도 없었다. 그러면서 내 존재 의미에 회의를 느끼고 가정에서나 사회에서나 외톨이가 된 듯한 기분이 들었다. 그렇게 자괴감에 빠져들 때쯤 '좋은 사이'를 알게 되었다. '좋은 사이'는 한마디로, 내가 살아온 환경과는 전혀 다른 세계를 나에게 보여 주었다. 밭일을 통해 작물을 재배하는 즐거움을 맛보기도 하고 그 채소를 아이들이 맛있게 먹는 모습을 보며 기쁨을 느끼기도 했다. 숲 활동 담당이 되어 아이들과 함께 자연에서 지내면, 초록으로 가득한 산과 푸른 하늘과 맑은 공기 그리고 흙냄새를 맡으면서 마음에 평화를 느낄 수 있었다. 그것은 바쁜 일상에서 벗어나 나 자신을 돌아볼 수 있는 시간이기도 했다. 그리고 무엇보다 엄마들과의 만남을 통해서 내 존재가치를 확인할 수 있었다.

23기 에마코

나 자신을 찾는 시간

아이들을 믿고 인정하고 적당한 거리를 두고 지켜본다. 그것은 타인에 대해서도 마찬가지이고, 남과 비교하지 않고 무리하지 않는다는 자기다움도 간직할 수 있다. 아이들은 다른 사람의 눈을 의식하지 않는다. 가족과 함께하는 시간을 소중하게 여기는 동시에 자기 시간도 소중히 여긴다. 사계절을 느끼며 생활 속으로 끌어들인다. 당연한 일일지 모른다. 하지만 '좋은 사이'나 '개구쟁이들'을 경험하지 않았다면, 그런 당연한 일들을 정말로 할 수 있었을까 하고 생각하게 된다.

13기 구미코

가마쿠라 자녀양육 지원 그룹 간담회의 젊은 기수

앞으로 숲 활동 육아 품앗이 모임은 아이를 돌보는 일에만 그치지 않을 것이다. 육아 품앗이 경험에서 배운 깨달음과 반성을 다른 사람들과 공유하면서 자녀 교육 환경을 개선하고, 이 사회가 한 단계 성숙할 수 있도록 도울 것이다.

유아에서부터 고등학생까지 이어질 수 있는 거점으로서 놀이터가 필요하다는 생각에 따라 '가마쿠라 놀이학교'가 만들어진 것도, 숲 활동 육아 품앗이 모임의 연대가 있었기에 가능했다.

상설 탐험 놀이터 설치를 목표로 여러 지역에 있는 광장이나 공원을 찾아다니면서 한 달에 한 번 '일일 놀이터'를 시작했다. 목공, 민속팽이, 밧줄을 이용한 나무 타기와 그네 등은 자기가 직접 고안해 낼 때 더욱 재미를 느낄 수 있다. 일일 놀이터를 여는 날에는 관청으로부터 미리 허가를 받아, 드럼통에 불을 피워 빵이나 고구마를 구워 보기도 한다.

이러한 시도는 도쿄도 세타가야구에서 1980년에 시작되어 지금은 전국적으로 퍼지게 되었다.

가마쿠라의 독특한 구릉지 지형을 이용해서 절벽 타기나 미끄러져 내려오기를 할 수 있는 장소를 찾기도 하고, 행정기관에 상설 탐험 놀이터의 필요성을 호소하는 일에도 힘을 기울였다. 아이를 데리고 다니면서 적극적으로 시민활동을 펼치는 엄마들이 늘어났다.

그런 가운데 주임아동위원 등 자녀들이 다 성장한 지원자들과도 함께 2000년에 만든 게 '가마쿠라 자녀양육 지원그룹 간담회'이다. 지역

의 자원봉사활동이라고 하면 시간적으로나 경제적으로나 중·노년층
이 중심이 되기 쉬우나, 당장 아이를 키우고 있는 젊은 엄마들의 실천
력과 아이디어를 최대한으로 살리고 있다.

이 간담회가 하는 주된 활동은 가마쿠라 놀이학교와 같은 '일일 탐
험 놀이터'이다. 시와 위탁계약을 맺고, 2005년부터 시내 다섯 지역에
서 해마다 1~3회씩 행해지고 있다. 자치 마을회, 지역사회복지협의
회, 민생위원·아동위원협의회, 청소년지도위원, 녹색봉사대 등 여러
조직과 함께 활동한 결과, 그 지역이 독립하여 일일 탐험 놀이터를 개
최하는 곳도 생겨났다.

앞으로는 골짜기, 산, 바다와 같은 풍부한 자연의 혜택을 받은 가마
쿠라만의 특성을 살린 상설 탐험 놀이터를 만들고 싶다. 그러기 위해서
는 숲 활동 육아 품앗이에 여러 경험을 쌓은 엄마들이 중심이 되는 것
이 바람직할 것이다.

이렇게 활약한 엄마들이 토론 참가자의 자격으로 '20주년 기념 포
럼'을 2005년 8월에 개최했다. 이 자리에 가마쿠라 시장 외에도 교육
센터 소장과 보건복지부 차장과 함께 활발하게 의견을 교환했다. 2006
년 11월에는 시정공로상을 받기도 했다.

사회화되는 엄마들

격월로 발행되는 '좋은 사이' 회보의 인쇄는 가마쿠라 NPO 센터에
서 이루어진다. 센터의 등록단체가 되면 여러 가지 권유를 받게 된다.

"NPO 행사에 참가해 주시겠습니까?" "NPO 펀드에 응모하지 않으시겠습니까?" "잔치 실행위원이 되어 주시겠습니까?" "등록단체간담회에 참가해 주시겠습니까?" "연수회에 참가해 주시겠습니까?" 이 모든 행사에 참가했다.

시, 현, 정부에서도 통지가 온다. "차세대계획책정위원회에 참가해 주시겠습니까?" "저출산 대책을 위한 설문 조사에 응해 주시겠습니까?" "현에서 주최하는 자녀 양육을 생각하는 공개 토론회에 참가해 주시겠습니까?"

이러한 권유는 자녀 양육, 지역 만들기, 환경 등 다방면에 걸쳐져 있다. 대표와 섭외담당만으론 도저히 대응해 나갈 수 없다. '좋은 사이'는 매월 1회 탁아소가 있는 여성 센터에서 두 시간 동안 회의하지만, 이러한 활동을 보고하고 앞으로의 일정을 결정짓는 것만으로도 벅차다. 의논하다 보면 한 시간은 눈 깜짝할 사이에 지나간다. 보육에 관해서 이야기를 나누기 위해 후반 한 시간을 확보하기도 쉽지 않다. 젖을 물리면서 회의에 참석하는 엄마도 있고, 만 한 살배기 아이들을 둥글게 앉은 책상 중앙에 둔 채 회의를 하기도 한다.

그래서 그런지 젊은 엄마들은 어디에 가도 환영을 받는다. 노인 자원봉사자들과 교류하게 되면 자연스럽게 노인들의 지혜를 전수하게 된다. 바꾸어 말하면, 이런 교류는 노인들에게는 젊은 세대를 이해하는 기회가 된다. 참가자는 모두에게 보고하고 의견을 수집하고 서류를 작성하기도 한다. 이런 일들을 아침과 점심에 함께 모이고 해산하는 시간이나 아이들 보육시간 중에 이루어지거나 누군가의 집에 모여 오후 시간에 다시 공동으로 아이들을 돌보면서 밭에서 난 채소로 요리해 가며 진행하게 된다.

　엄마들은 필연적으로 사회화되어 간다. 세상의 모순도 보게 된다. 아이들 앞날을 생각해서 행동하게 된다. 자기 특기를 살려 일을 할 것인지, 자원봉사활동에 매진할 것인지를 얼마든지 선택할 수 있다.

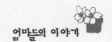

자녀양육 환경을 갖추는 것이 행정기관이 할 일

아이를 키우면서 진정으로 의견을 교환하고 신뢰할 수 있는 동료가 있다면 우리 엄마들의 육아에 대한 고민은 대부분 해결할 수 있을 것이라는 생각이 든다. 행정기관은 일 년에 몇 차례 부모와 아이를 위한 행사를 위한 행사를 개최하기보다는, 항상 열려 있는, 엄마와 아이들이 마음 편하게 활동할 수 있는 곳을 마련하는 것이 더 중요하다. 부모가 주체가 되어 생각하며 육아할 수 있는 환경을 갖추는 것이, 엄마들이 행정에 바라는 가장 중요한 자녀양육 지원책이다.

15기 아사미

졸업 후 엄마들의 새로운 출발

자원봉사활동은 주 특기

'좋은 사이'에서 보육하는 즐거움에 눈 뜨고, 또 '개구쟁이들'에서 보육사로 활동한 엄마들은 아이들을 상대로 하는 일에 익숙해져 있다. 지금 그 엄마들은 여러 가지 자원봉사활동을 하고 있다. 예를 들어서 '이야기회'라는 모임을 통해, 도서관이나 학교에 나가서 그림책을 읽어 주거나 맞벌이하는 집 아이를 돌보는 일, 또 자기가 살고 있는 시에

새롭게 자녀양육 지원제도를 결성하는 일 등으로 바쁜 나날을 보내고 있다.

학급간담회에서 임원을 결정할 때도, 고개를 숙이고, 묵묵히 시간만 보내는 건 있을 수 없는 일이다. 1980년대 후반부터 나타난 현상인데 '좋은 사이' 출신 엄마들은 적극성이 몸에 배어 있어서 어디에서나 임원이 되거나 회장직을 맡는 일이 비일비재하다. 어린이회, 마을자치회, 지역 자원봉사도 거뜬히 해낸다. 엄마들의 활약은 여기서 그치지 않는다. 사회 참여 영역을 넓혀, 고령자에 대한 배식 봉사활동이나 케어 봉사활동을 하는 사람도 있다.

숲 활동 육아 품앗이의 전임 보육사도 지금은 새로운 직업이 되었다. 처음으로 아이를 키운다는 불안을 품고 있는 많은 미숙한 엄마들의 안내자 역으로써, 선배 엄마들의 존재는 매우 크다. 갑자기 누가 손을 드는 것이 아니라, 졸업자 속에서 많은 동료, 선배, 후배의 추천을 받은 사람이 그 일을 하게 된다. 투표를 하는 것도 아닌데 자연스럽게 결정되어가는 모습을 보고 있으면 이치에도 맞고 역시 자주적 활동 경험이 풍부한 사람들의 모임은 다르다는 것을 느끼게 된다.

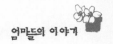

달팽이에서 교사로 활동하다

첫아이를 낳고 '좋은 사이'에 들어가면서, 평소 꿈꾸어 온 방식대로 육아할 수 있었다. 그때부터는 뒤도 돌아보지 않고 육아 품앗이의 길을 걸어왔다. 그런데 문제는, 아이가 성장해 '좋은 사이'를 졸업하면 내 육아 품앗이의 길도 끝난다는 것이었다. 아이를 대여섯 더 낳을 수도 없는 노릇이고, 그렇다면 어떻게 하면 숲 활동 육아 품앗이를 이어나갈 수 있을까. 결론은 간단했다. 보육사가 되면 되는 것이다.

그때 '달팽이'에서 보육사를 맡아 달라는 연락이 왔다. 좋은 기회라고 생각했지만, 두 살배기 셋째 딸이 맘에 걸렸다. 그때 '좋은 사이' 동료가 나서서 나를 도와주었다. 저녁이 되도록 아이들을 데리러 가지 못할 때도 잦았다. 그럴 때마다 동료가 내 아이를 먹여 주고 재워 주고 씻겨 주었다. 주말에도 자기 아이처럼 돌봐 주었다. 그러다 보니 '좋은 사이'가 쉬는 날에도 아이들은 친구들과 놀고 싶어서 엄마가 일하러 나가기를 바라는 눈치다.

'달팽이'에서 나는 가장 어린아이들 반을 담당했고, 그 반에는 숲 활동 육아 품앗이를 처음 해보는 부모들이 많았다. 육아 품앗이라는 이상은 품고 있으면서도 '달팽이'가 유치원과 같은 서비스를 받는 곳으로 착각해서 오는 부모들은 종종 이렇게 말한다.

"선생님은 왜 같이 안 놀아줘요?"
"왜 우리끼리 계획을 세워야 하나요?"
"어서 사이좋게 지내야지."

"어서 울지 않게 되어야지."

빨리, 빨리, 빨리. 어쨌든 빨리하지 않으면 불안한 모양이다. 또 어른은 아이들에게 서비스해야 한다고 생각한다. 그런 부모님들이 '달팽이'에서 생활하면서 아이들의 본래 성장 과정과 아이가 가지고 있는 힘을 알게 되고, 아이들의 가능성을 믿고 맡길 수 있게 되길 기대해 본다. 왜냐하면 그곳으로 통하는 문이 바로 숲 활동 육아 품앗이라고 확신하기 때문이다.

17. 19. 23기 유카

일과 가정을 함께 지키다

열다섯 해 전부터 해온 프리아나운서 일과 남편 회사의 경리일을 병행하고 있다. 아나운서는 어릴 때부터 가졌던 꿈이기도 했거니와, 나름대로 주변 사람들의 이해와 협력을 얻어 일해 왔기 때문에 아이가 생겼다고 해서 쉽게 포기할 수는 없었다.

더군다나 임신 중에 채소 소믈리에(ㅍsommelier) 자격증도 땄기 때문에 새롭게 강사 일이 더 생기게 되었다. 예전 나였다면 도전해 보기도 전에 이러니저러니 못하는 이유를 생각하고 있었을 것이다. 하지만 지금은 아이에게 당당히 인생을 살아가는 엄마 모습을 보여주기 위해서 이 자격증을 따게 된 것이다. '좋은 사이'를 통해 아이를 자립시켜야겠다고 생각했을 때, 나 또한 정신적으로 제대로 자립해야겠다고 생각했다. 아무리 바빠도 엄살 부리지 않고 한번 해보겠다는 생각을 굳힌 것은 믿을 수 있는 '좋은 사이'의 엄마들이 있었기에 가능했다. 아이가 생기면 모든 것을 희생해야 된다는 망상에 빠지기도 했던 내가 지금은 일과 가정과의 균형을 유지하면서 자신만의 삶을 개척해 나가고 있다.

24기 아미

지원교실을 세우다

학교생활에 어려움을 느끼는 아이들을 위한 '지원교실'을 설립하기 위해 동분 서주할 때였다. 네 살배기 큰딸과 두 살배기 둘째 딸을 '좋은 사이'에 맡기고 시작한 일이지만, 적잖이 부담되었다. 아침엔 '좋은 사이' 모임 장소로 아이들을 데리고 나가지 못했고, 저녁이 될 때까지 '좋은 사이' 엄마들이 두 아이를 돌봐 주었다. 처음에 나는 엄마들에게 내 상황을 설명하려고 했다. '오늘은 이러이러한 일 때문에 멀리 나가게 돼서' 같은. 그러면 엄마들은 "무슨 일이건 괜찮으니까, 신경 쓰지 말고 다녀오세요" 하고 말해 주었다. 저녁 늦게 일을 마치고 아이들을 데리러 가면 엄마들은 으레 "오늘도 수고 많았어요" 인사하며 밝은 얼굴로 나를 맞이했다. 두 딸은 저녁을 먹고 목욕까지 끝낸 상태였다.

한번은 지원교실 설립을 포기하려고 했을 때, 유카 씨가 "그만두면 안 돼요. 왜 냐면 난 니시노 씨를 도와주는 내 모습이 좋거든요!"라고 말해 주었다. 간단하게 '열심히 하세요!'라고 하지 않고 마음에서 우러나온 말로 격려해 준 유카 씨 덕분에 나는 다시 용기를 얻을 수 있었다. 그즈음 아이카와 선생과 상담했다. "큰아이는 '개구쟁이들', 작은아이는 '좋은 사이'에 보내는데, 두 곳의 육아 품앗이를 하면서도 직업을 가진 엄마가 있나요?" 아이카와 선생은 "없긴 하지만, 당신이 전례를 만들면 되잖아요!"라는 말로 내게 힘을 실어 주었다. 그 말은 지금도 나에게 큰 버팀목이 되고 있다. 내가 나아갈 길을 고민할 때 '내가 전례를 만들면 된다'고 생각하면서 다시 용기를 낸다.

큰딸은 초등학교 3학년, 둘째 딸은 초등학교 1학년이 되었다. 방과 후 숲 활동이 끝난 딸은 동료가 돌봐주고 있다. 내가 하는 일은 엄마들의 지원활동이 있기에 가능한 일이다. 엄마들이 내게 나누어 준 시간은 무엇보다 귀하니 허투루 쓸 수는 없다. 나는 또 내가 필요한 '지원교실'에서 사명감을 가지고 활동할 것이다.

17, 19기 나츠코

행복한 주문이 생기다

조산사로서 월 5~10회 정도 일하고 있다. 내가 일을 나갈 때마다 자영업 하는 남편이 아이를 맡았다. 집안일에서는 나보다 훨씬 나은 남편이지만, 육아는 힘겨워했다. 보육원을 이용한 적도 있지만, 어린아이들이 대부분이라서 아이가 가고 싶어 하지 않았다. 가까이 사는 친척도 없었다. 출산 휴가를 포함해서 여섯 해 동안 해온 일이라서 그만두고 싶지 않았다. 일과 엄마 역할이라는 갈림길에서 고민하던 나에게 한 줄기 희망의 빛이 비쳤다. '좋은 사이' 엄마들이 나를 돕겠다고 나선 것이다. 그 뒤 나에게는 행복한 주문이 생겼다. '힘든 일이 생기면 좋은 사이 엄마들에게!' 물론, 나 또한 '좋은 사이' 엄마들에게 힘이 되길 바란다.

22기 유미코

여러 일을 하면서 보육사가 되다

이혼을 결심하고 아이 넷을 데리고 집을 나왔다. 그러나 초등학교 육학년부터 유치원까지 손이 많이 가는 아이들을 데리고 혼자 어떻게 생활해 나갈지 막막했다. 앞날에 대한 불안으로 가득한 그즈음 '좋은 사이'에서 연락이 왔다. 보육사 한 사람이 그만두게 되었는데, 그 후임으로 오면 어떻겠느냐는 제안이었다. '아이 네 명을 키우기는 했으나, 전임 보육사 일을 해낼 수 있을까?' '셋째 아이가 '좋은 사이'에 다닐 때 일일 보육 담당을 해 본 적은 있지만, 길도 제대로 모르데!' '한다면 뭘 하면 되지? 어떻게 해주면 될까?' 고민에 고민을 거듭한 끝에 한번 부딪쳐 보기로 했다.

보육사 일 외에도 생계를 위해 병원 안에서의 원내보육도 했다. 그리고 경도발달장애아를 돌보고 근처의 두부가게에서 아르바이트를 하면서도 삼 년이 걸쳐 전문 보육사 자격을 취득했다. 아이 키우기에 한창인 젊은 엄마들을 가까이에서 보면 엄마로서 가장 행복할 때라는 생각에 부럽기도 하다. 하지만 보육사로서 엄마와 아이의 성장을 지켜보면서 나 역시 성장하고 있다는 생각이 들어 풍요로워진다.

12기 노부코

기술을 가진 엄마

삶의 양식이 다양해지면서 결혼 후에도 평생 직업으로서의 일을 가진 여성들이 많다. 일하는 방식도 정규고용 이외에 시간제, 파견 근무, 아르바이트, 소규모 사업, 재택근무, 자영업 등 여러 가지이다. 바로 앞에서 소개한 일 이외에도 요리교실, 프리라이터, 그래픽 디자이너, 간호사, 음악 선생님 등 다채롭다. 회원 활동을 끝낸 후에는 더욱 다방면에 걸쳐 일을 갖게 된다.

'좋은 사이'의 경우, 기본적으로는 남편 수입에 의존해 가정경제를 지탱하고 있지만, 아내도 어떤 것이든 일을 가진 예가 많아졌다. 일단 일을 중단해도 될 수 있으면 다시 시작하고 싶어 하고 조금이나마 일을 계속하고 싶다는 생각을 하는 엄마들이 늘고 있다.

효율적인 서로의 아이 맡아주기

공식적인 육아지원제도가 갖춰지면서부터 비정기적으로 아이들을 맡길 수 있게 되었다. '좋은 사이'에 다니면서 보육원의 임시 보육을 이용하거나, 가족 지원센터를 이용해서 아이를 맡기면서 일하는 엄마가 늘기 시작했다.

이때, 부모 형편에 따라서 오늘은 이쪽, 내일은 저쪽 하는 식으로 아이를 맡기면, 아이가 정신적으로 불안정해진다. 아이는 매번 새로운 낯선 장소에 다시 적응하기 위해 온갖 정신을 다 쏟게 되는데 비근한 예

로 놀이하는 법, 먹는 법, 정리하는 법, 인사하는 법 등 맡겨진 곳마다 규칙이 다르다. 이런 상황에서 아이는 행동 기준을 두지 못하고 늘 눈치를 보면서 행동하게 된다. 이런 상황에서 아이가 자기 자신을 표현한다는 것은 불가능한 일이다.

이럴 바에는 아무리 위화감이 있는 보육 방침이라 해도 그날그날 똑같은 편이 아예 낫다. 세상과 격리하여 육아하는 것이 아동학대를 초래하는 현상을 완화하기 위한 시책으로서 유효하다 하더라도, 엄마 사정에 따라 아이들을 이리저리 휘두르는 양육 방식과 그들의 장래도 진지하게 생각해 볼 필요가 있다.

'좋은 사이'에서는 엄마들이 서로 아이를 맡고 맡기게 된다. 큰아이 반이 되면 주3회 있는 '좋은 사이'가 없는 날에도 친구들과 같이 있는 예가 잦다. 절대적인 신뢰관계가 이루어져 있기 때문에 엄마도 아이도 서로 맡기고 맡는 데 부담이 없다. 일 때문에 뿐만 아니라 시댁 일이나 친정 일에 쫓길 때, 정신적으로 피곤할 때, 때로는 놀러갈 때에도 서로 맡기는 데에 주저하지 않는다.

　남편에게 부탁하면 평상시에는 하지 않는 가상(virtual) 놀이에 빠지거나 패스트푸드를 섭렵하게 되어 버린다고 한탄하게 되지만, 동료 엄마들에게 부탁하면 그런 일은 생기지 않는다. '좋은 사이'와 같은 숲 활동 육아 품앗이가 충분히 기능을 발휘하게 되면 공적인 육아지원제도도 필요 없게 된다.

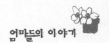

서로 처지가 같으므로 책임지고 맡을 수 있다

예전에 아이를 맡겼던 요코하마 시의 보육원에서 연락이 잘못 전달되어 아이가 점심도 저녁도 먹지 못한 예가 있었다. 장난감을 두고 다투다가 팔을 물리기도 했다. 이 두 가지 사건을 겪으며 임시 보육의 어려움을 통감했다.

행정 착오가 있다 하더라도 아이가 배가 고픈 상태인지 아닌지 융통성 있게 대응해 주기를 보육원에 기대하기에는 어려움이 있다. 또 아이들이 당연히 하는 행동이라고 생각하면서도 상대의 아이도 엄마도 가정도 모르는 상태에서 '물렸다' 는 사실만을 내세우다 보면 냉정해질 수 없는 일이다. 피해의식만 커질 뿐이다.

'좋은 사이' 에서는 서로 맡기고 맡아 주면서, 엄마들도 아이들도 서로 잘 알고 있다. 오히려 멀리 사시는 할아버지 할머니보다 더 아이에 대해서 잘 알고 있다. 다행히 지금까지 어떤 사고도 없었다. 다만, 어쩌다 싸우거나 다치는 일이 생겼다 해도 가족들끼리 얼굴도 잘 알고 처지도 잘 이해하고 있기 때문에 이러한 사건에 대응하는데 어려움이 없다. 무엇보다도 '서로 같은 처지' 이기 때문에 나 자신도 진정으로 자기 자식처럼 다른 아이를 대하고 맡을 수 있고 상대방도 책임을 갖고 맡아줄 수 있다고 생각한다. 일을 하고 있는 엄마의 입장에서는 마음의 부담을 덜어 주는 대단히 고마운 일이다. 경험이 쌓여서 지금은 '좋은 사이' 이외의 친구들과도 서로 아이 맡는 육아문화가 널리 퍼져나가고 있다.

24기 아미

골짜기 활동을 추진하는 역할

야마사키 골짜기 보호 활동은, 다음 세대를 짊어질 아이들을 위해서 자연을 잘 지키자는 뜻을 가지고 시작되었다. 지금은 어린아이에서부터 노인까지 많은 사람으로부터 사랑받는 쉼터가 되었다. '가마쿠라중앙공원을 키워가는 시민의 모임'은 2008년 4월부터 'NPO법인 야마사키·야또노카이(골짜기 모임)'가 되었다. 일곱 개 반으로 이루어진 이 모임은 아이부터 노인까지 참가하고 있다.

어른들이 논일이나 밭일을 하고 있을 때에는, 골짜기 놀이에 익숙한 초등학생이 어린아이들을 데리고 가서 가재를 잡기도 하고, 일손을 멈추고 쉴 때에는 풀피리를 만들어 아이들과 함께 즐거운 한때를 보내기도 한다. 아이들도 자주 농사일을 돕는다. 수확한 채소를 씻기도 하고 어른들이 베어 낸 풀 더미를 손수레에 실어 퇴비 보관소로 나르는 아이들도 있다. 누가 시키지 않아도 골짜기 보호활동에 나서는 자원봉사에는 어른도 아이도 자발적으로 활동을 한다.

아이들의 환경교육 목적으로 골짜기를 살리고자 하는 생각은, 종합적인 학습 시간 안에서 골짜기 체험학습으로 이루어졌다. 십 년 이상에 걸쳐서 교육위원회에 권고해 왔던 성과이기도 하지만, '좋은 사이' 출신 엄마들이 초, 중학교 학부모회 임원을 역임하면서 교원을 열심히 설득한 효과를 본 것이다.

지금은 가장 가까운 초등학교, 중학교에서 약 팔백 명에 이르는 아이들이 정기적으로 골짜기 체험학습을 나간다. 5학년은 '골짜기에서 쌀 만들기,' 6학년은 '옛날식 밭 만들기,' 중학생은 '풀매기나 습지 복원

작업' 등을 여러 차례에 걸쳐서 참여한다.

골짜기 논밭에 대한 관리나 체험학습을 하기 위한 준비와 뒷마무리 등, 바쁠 때는 일주일에 나흘이 넘는 작업이나 행사를 치르며 활발하게 움직이는 젊은 엄마들을 보면 대개가 숲 활동 육아 품앗이 경험자이다. 반 활동을 이끌며 반장 혹은 부반장을 맡는 사람도, 야마사키·야또노 카이의 사무국 직원으로 근무하는 사람도, '좋은 사이' 출신이 많다.

성과가 눈에 보이면 기술도 내용의 질도 양도 좋아진다. 온 가족이 '좋은 사이'를 통해 골짜기 활동을 하고, 졸업한 후에도 마음 맞는 친구들과 지속적으로 자연보호 활동을 하는 사람들이 조금씩 늘어나고 있다.

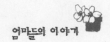
육아생활이 바꾸어 놓은 나의 삶

처음 해보는 육아에는 하나부터 열까지 모르는 일투성이였다. 육아 잡지나 육아 책을 읽고 다음에는 뭘 해야 할지를 생각하고 있었다. 그리고 내 생각을 친구에게 말했다.

"슬슬 과일즙을 주는 게 좋겠지? 100퍼센트 주스를 희석해서 줄 생각이야."
내 말을 들은 친구가 말했다.

"희석해도 너무 진하지 않아? 그리고 가족이 마신다면 과일을 짜서 먹는 게 좋을 것 같아."

친구 조언을 듣고 나는 새로운 사실을 알게 되었다. 아기에게 주는 것이라서 당연히 팩에 든 주스만 생각하고 있었던 것이다. 내가 만든 것보다 파는 것이 안심하고 먹을 수 있을 거라고 막연하게 생각하고 있었던 것이다. 육아를 하기 전까지는 간단하고 편리한 것만을 추구했지만, 아이를 앞에 놓고 작은 일이지만 날마다의 삶을 신중하게 다시 돌아보곤 한다.

22기 가나코

지금의 생활로 이어지고 있다

아이가 '좋은 사이'를 졸업한 지 열세 해가 지났지만, '좋은 사이'는 내 기억 속에 선명하게 남아 있다. '좋은 사이'를 통해 성장한 것은 아이보다 나 자신이라고 생각한다. '좋은 사이'에 참가한 이유는, 내 아이가 건강하게 자랐으면 하는 바람에서였다. 시간이 흐르면서 '좋은 사이' 아이들을 내 아이처럼 여기게 되었는데, 이런 경험은 다른 보육시설에서는 극히 드문 일이었다.

'공동'의 참뜻은 '모두가 주체가 되는 것'이다. 부모들은 육아에 대한 고민을 나누기도 하고 서로의 짐을 나누어 들기도 한다. 생각을 모으고 또 마음을 모아 함께 이루어가는 육아 품앗이를 통해 엄마들은 한 아이를 키우는 것보다 몇 배의 경험을 쌓아간다. 부모들이 주체적으로 성장하는 곳이 바로 '좋은 사이'이다.

자연이 아이들 성장에 미치는 영향은 두말할 필요도 없다. 날씨가 어떻든 그 날씨 속에 바깥 활동을 한다는 것도 큰 의미가 있다. 아이들은 계절이 바뀌는 것을 온몸으로 느끼면서 뭇 생명을 만나고 경이로운 대자연의 품에서 성장했다.

현재 우리 가족은 연고도 없는 아이치 현의 고원 마을로 이사와 자급자족하며 이웃과 함께 자율적으로 협동하며 살아가려고 노력하고 있다. 이러한 삶이야말로 21세기 인류가 살아가는 방식의 근본임이 틀림없다. 이 모든 것은 '좋은 사이'의 존재 없이는 생각할 수 없는 일이다.

9기 가즈코

부모의 성장이 세상을 바꾼다

"'좋은 사이'는 부모가 성장하는 곳이에요."

여러 지역에서 숲 활동 보육사로 활동하는 '좋은 사이' 출신 부모들은 진지하게 말한다.

나 또한 전문 보육사로 활동하며 크게 보람을 느끼는 부분은, 바로 부모가 변화하고 성장하는 모습이다. '좋은 사이'를 시작한 지 스무 해가 지났지만, 해마다 다른 개성을 지닌 아이들이 모이고, 모임으로서도 '좋은 사이'는 해마다 새롭게 바뀐다. 아이들이 성장하는 것이야 당연하다지만, 이미 정신과 육체의 성장이 멈춘 어른들이 육아를 통해 변화하는 것을 보면서 감동받은 적이 한두 번이 아니다.

자기 아이를 사랑하고 다른 아이들을 사랑하게 되면, 그 아이들의 앞날을 위해 행동하지 않을 수 없다. 아마도 인류는 이러한 과정을 거쳐 성장해 왔을 터이다.

수많은 문제를 안고 있는 사회를 바꾸려 해도, 자기 혼자 힘으로는 무리라고 지레 포기하면 우리 아이들의 미래는 없다. 아울러 자기 한계를 아는 것도 역시 육아 덕택이다. 그러므로 주위 사람들의 도움이 필요함을 느끼고, 여러 사람과 어울리고, 부딪쳐 나가지 않으면 안 된다는 것을 알게 된다. 그렇게 해서 뜻을 같이하는 동료와 힘을 모으는 것이 얼마나 중요한 것인지를 알게 된다.

무언가를 이루기 위해서는 고립되어서는 안 된다. 집에 틀어박혀 혼자서 주장하는 것은 투정밖에 되지 않는다. 다른 사람들과 관계를 맺고 연대해 나가야 한다. 뜻을 함께하는 사람들이 모이는 것이 중요하다.

단체로서 힘을 발휘하기 위해서는 여러 사람의 지혜와 경험을 구해야 하고 행동으로 옮기는 것이 중요하다.

세상이 그리 쉽게 변하지 않는다는 것은 자기 성장 속도를 생각해 보면 이해할 수 있다. 아이들도 기다려야 성장한다. 조바심은 금물이다. 그러나 시기를 놓쳐서는 안 된다. 아이들은 어릴 때부터 많은 사람과 함께 생활하는 것이 좋다. 그 가운데에서 아이들은 자기 자신을 드러내기도 하고 또 물러나는 법도 배우는 것이다.

현대문명은 물질의 풍요와 생활의 편리함만을 추구하지만, 그 문명의 이기에 시달리면서 많은 것을 잃어버리고 있다. 생활은 편리해졌지만, 그 생활을 유지하기 위해 우리는 많은 것을 포기해야 했다. 이제는 우리가 잃어버린 것들이 하나씩 되찾아야 한다. 그것을 '숲 활동 육아 품앗이'를 통해 찾고 있는 것이다. 인간의 진정한 삶이 무엇인지를 우리 아이들과 함께 찾아나가는 것이다.

옛날로 회귀하는 삶 속에 많은 발견이 있다. 지나치게 몸에 밴 현대문명을 조금씩 벗겨나가는 재미에 빠지면 멈출 수 없어진다. 우리가 어디까지 홀가분해질는지. 장난감이 없을수록 발상이 풍부해진다는 것을, 아이들이 노는 모습에서 배운다.

아이에게 지나친 기대를 한다거나 욕심을 부리기보다는 적당히 힘을 빼면 아이는 잘 성장해 간다. 아이가 자라는 모습을 선입관 없이 겸허히 받아들임으로써 부모는 성장할 수 있다. 이렇게 성장한 부모들이 이끌어가는 세상이 바뀌고, 사회를 밑바닥에서부터 바꾸어 나갈 수 있지 않을까.

어른들의 고정관념에서 비롯된 조기교육이 만연하고 있다. 이에 따른 여러 가지 부정적인 견해가 있다. '사고력이 억압된 결과로서 지시만을 기다리는 인간을 대량생산하고 있다'거나 '가상세계만을 추구하는 까닭에 실제 체험이 부족하다. 즉 오감을 연마하지 않고 성장하기 때문에 희로애락이라는 감정을 느끼지 못한 체 자라나게 된다'거나 '인간관계가 충분히 이루어지지 않기 때문에 참을성이 부족한 성격이 형성된다'거나 '인공물에 둘러싸인 환경에서 사물을 부정적으로 해석하고 빠져들 수밖에 없다' 등이 그러하다.

교육환경이 자연과 동떨어진 사회에서 오늘날 도리에 어긋난 범죄나 따돌림이 횡행하는 것은 당연한 결과라고 귀결될 수밖에 없다. 하지만 '좋은 사이'에서 아이들은 젖먹이나 유아 때부터 나이를 뛰어넘은 폭넓은 사람들 속에서 부대끼고 그것도 자신의 부모만이 아닌 많은 사람으로부터 사랑을 듬뿍 받으며 성장하고 있다. 아이들은 어릴 때부터 많은 사람들과 함께 생활하는 것이 좋다. 그 가운데에서 아이들은 자기 자신을 드러내기도 하고 또 물러나는 법도 배우는 것이다. 그래서 자라나면서 더러 어려움을 겪는다 해도 결국에는 스스로 혹은 누군가의 도움을 받아 다시 일어설 수 있다고 하는 신뢰를 바탕으로 하는 믿음이 있다. 사회에 대한 믿음 그리고 누군가를 사랑할 수 있는 여유로움이 있는 사람들이 함께한다면 따돌림 없는 사회를 이루어갈 수 있을 것이다. 그 근본이 아이들이 자유스럽게 놀 수 있는 자연환경을 지켜나가는 것이기에 더욱 노력할 것을 부탁하고 싶다.

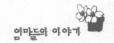

두 살 때부터 학원에 다니기 시작한다

아주 가까운 친구가 살고 있는 마을 가까이에 유명대학의 부속유치원이나 초등학교가 여러 개 있다. 그래서인지 친구도 어린 딸에게 입학시험 준비를 시키고 있었다.

"여기에서는 이렇게 시험 준비 시키는 게 보통이야. 내가 아는 사람들은 거의 다 시험공부를 시키거든."

만 두 살 때부터 학원에 보내 시험 준비를 한다는 것은 너무 지나치다는 생각이 들었다. 설사 합격하지 못해도 예의나 상식이 몸에 배기 때문에 손해될 것도 없고 부모들도 아이와 함께 열심히하는 것을 당연한 것처럼 여긴다고 했다. 물론 주위에 살고 있는 사람들이 모두 조기교육을 시작하는데 혼자 하지 않으면 도태된다고 느낄 수 있다. 그리고 자기 자신만의 육아 철학을 갖고 있어도 쏟아지는 정보 속에서 판단력이 흐려질 수 있다고 생각된다. 하지만 정말로 아이가 행복해질 수 있는 환경을 선택하는 게 우선이 아닐까 싶다.

22기 미츠키

제4장   아이들은 어떻게 자랐을까

엄마들과 아이들에게 묻다

'좋은 사이'에서 어린 시절을 보낸 아이들은 어떻게 자라났을까? 자기 의사로 대답할 수 있다고 판단된 그룹 제1기(2007년 설문조사 당시, 24살)에서 제11기(2007년 설문조사 당시, 초등학교 6학년과 중학교 1학년)까지를 대상으로 설문 조사를 했다. 인원수는 전체 178명으로, 그 가운데 주소를 모르는 46명을 제외한 132명이었고, 설문지 회수율은 40퍼센트(53명)였다.

설문 내용

1. '좋은 사이'를 기억하고 있습니까?
  (a) 전혀 기억하고 있지 않다.
  (b) 조금 기억하고 있다.
  (c) 자주 생각난다.

2. 질문1에서 (a)라고 대답한 사람에게 묻습니다.
  (ㄱ) 졸업 후, 생각해 본 적도, 부모와 이야기한 적도 없다.
  (ㄴ) 자기는 기억하지 못 하지만, 부모는 가끔 이야기한다.

3. 질문1에서 (b)와 (c)라고 대답한 사람에게 묻습니다.

무엇을 기억하지 구체적으로 써주십시오.

4. 자연과 접하고 싶다고 생각하는 예가 있습니까?

(a) 전혀 없다.

(b) 지금 생활에서 접촉하고 있기 때문에 만족

→ 구체적으로 써주십시오. ( )

(c)생각하는 예가 있다.

→ 어떤 곳에 가고 싶습니까? ( )

5. '좋은 사이'가 학교생활에 도움이 됐습니까?

(a) 그렇다

(b) 아니다 → 구체적으로 써주십시오.

많은 아이의 기억에 남아 있다

질문1에 응답한 사람 가운데 '전혀 기억나지 않는다'가 6명(11퍼센트), '조금 기억하고 있다'가 40명(75퍼센트), '자주 생각한다'가 7명(13퍼센트)이었다.

보통 사람들은 네 살 이전의 기억이란 어지간한 일이 아니면 기억하지 못한다. 그런데도 '좋은 사이'에서의 일을 기억하는 아이가 89퍼센트나 된다는 것은 놀라운 일이다. "전혀 기억하고 있지 않다"고 대답한 한 아이의 어머니는 "지금은 사춘기라서 무조건 거부하지만, 아이가 '여기는 좋은 사이에서 와본 적 있어'라고 말한 적 있다"고 귀띔해 주었다.

나는 '좋은 사이'에서의 경험이 기억에 남는 것이 아니라 몸속 깊숙이 무의식에 남아 있다가 어떤 계기를 통해 배어 나오는 것이라고 생각한다. 그 어떤 계기란, 살아가면서 큰 결심을 할 때라든지, 위기에 닥쳤을 때, 인생의 갈림길에 섰을 때 등 일상으로부터 일탈하게 되는 순간을 말한다.

질문1에서 '(a) 전혀 기억하고 있지 않다'고 답한 모든 아이가 질문2에서 '자기는 기억하지 못 하지만, 부모는 가끔 이야기한다'고 대답했다. 덧붙이자면, '조금 기억하고 있다'고 대답한 아이들은 본인이 정말로 기억하고 있는지, 부모가 자주 '좋은 사이'를 화제로 삼아 자신이 기억하고 있는 것처럼 착각하는 것인지 미묘하기도 하다. '좋은 사이'에서의 경험은 하루하루 성장해 가는 아이들보다 부모에게 더 깊은 의미가 있다. 따라서 졸업 이후 부모가 자주 그때를 그리워하는 얘기를 듣다 보면 그것이 되풀이되어 기억이 그대로 남게 되고, 혹은 부모의 기억으로 덧칠해져 새롭게 스며들었을 수도 있을 것이다.

질문3 '무엇을 기억하고 있는지'에 대해서는 '산길 걷기,' '점심밥,' '절벽 오르고 미끄러져 내려오기,' '사자바위,' '골짜기,' '가마쿠라중앙공원,' '바다, 강, 연못' 등 자연 속에서의 놀이가 쓰여 있었다.

대부분이 자연과의 접촉을 원한다

질문4에 대한 대답은 '지금 생활에서 접하고 있기 때문에 만족'한다고 응답한 사람이 14명(26퍼센트), '생각하는 예가 있다'고 한 사람이 32명(60퍼센트)이었다. 응답자 86퍼센트가 자연과의 접촉을 원하고 있다.

숲 활동 육아 품앗이에 적극적으로 관계해 온 부모 밑에서 자라왔기 때문에, 자연으로부터 고개를 돌려버리는 가정환경은 아니었던 것이 분명하고 그런 영향이 가장 크리라고 생각된다. 졸업 후에도 산이나 골짜기와 밀접한 관계를 맺고 있었다고 하는 가정은 그다지 많지 않다고 하더라도, 가족끼리 자연이 있는 곳으로 여행한다든지 자연의 분위기를 느낄 수 있는 곳을 산책하는 등의 기회는 많지 않았을까.

아이들끼리만 만난다는 것은 좀처럼 실현하지 못했기 때문에, 이것을 계기로 이전 어머니들에게도 이야기해서 가능한 한 만나 보았다. 기수마다 동창회를 개최했던 것이다.

거기서 어머니와 함께 만날 수 있었던 아이 스무 명과 이야기를 나눠 보니, 도회지를 동경하는 아이는 많지 않았다. 지금 이대로 가마쿠라에서 살고 싶다든지, 앞으로도 자연이 있는 환경에서 지내고 싶다는 바람을 이야기했다.

대인관계를 만들 수 있다

질문5 '좋은 사이가 학교생활에 도움이 됐습니까?'에 대한 대답은 '그렇다'가 31명(58퍼센트)으로 나타났다. 특히 체력적인 면에서 도움이 됐다고 밝힌 아이들이 많았다. 그밖에 '사람을 잘 사귀게 된다,' '정신력이 강해졌다'는 등 대인관계나 정신적 요인으로 10명(19퍼센트), '이과理科나 환경 등 진로로 이어졌다'에 8명(15퍼센트), '자연에 대한 이해와 지식'에 6명(11퍼센트)이 답했다.

자신이 생각하는 것을 명확하게 표현하고 주장할 수 있는 분위기에서 자랐다는 아이들에게 어떤 영향을 주었을까 궁금했다. 지극히 모범적으로 학교생활을 보내고 있다고 대답한 아이는 반 정도였다. 그러나 학교내외에서 반항을 하거나 일시적으로 학교를 가고 싶지 않았다고 응답한 아이들도 적지 않았다. 하지만 그런 시기를 무사히 넘기는 것을 계기로 더 강인해진 경우는 있지만, 방에 틀어박히거나 사회로부터 멀어져 버린 경우는 없었다. 오히려 이러한 경험을 통해 친구들이 상담을 해온다거나 다른 사람들의 이야기를 들어주는 역할을 하는 경우가 많았다. 게다가 사람들을 단합시키는 역할을 맡는 등 인간관계를 원활히 하는 역할을 하는 경우도 있었다.

운동 선수나 예술가로 성장

'좋은 사이' 출신 아이들은 유치원에서부터 대학교까지의 발달 상황을 살펴보니 공통되는 특징이 보였다. 많은 아이가 초등학교에서부터 '달리기를 잘해서 릴레이 선수였다'거나 '야구선수나 축구선수로 주목받고 있다'는 등 운동 부분에서 두각을 나타내고 있었다. 육상 선수, 멀리뛰기 선수, 높이뛰기 선수 등으로 현 대회나 전국 대회에 출전하여 좋은 성적을 거두는 아이들도 있었다.

한편, 음악에 재능을 보이는 아이들도 많았다. 브라스밴드나 오케스트라에서 대회에 출전하고 진학한 뒤에도 음악을 전공하고 있다고 한다. 만화나 회화에 재능을 발휘하는 아이, 도쿄예술대학에 진학해서 염색 전문가가 되려는 아이도 있었다. 어릴 때부터 자연의 품에서 마음껏 뛰어놀며 운동신경과 감수성이 발달한 아이들은 운동선수나 예술가로 성장하는 예가 적지 않았다.

환경문제나 자연에 관심을 둔다

"아이가 환경 쪽에 관심을 두고 있어요"라고 알려준 몇몇 부모도 있다. 예를 들어서 대학에서 환경정보과나 농업 관련 학과를 전공하는가 하면 국외에서 환경 문제를 주제로 공부하는 아이도 있다. 그들은 '좋은 사이'가 출발점이라고 입을 모은다.

아마 부모가 환경 문제에 관심을 두고 있거나, 자연에 대한 조예가 깊어지는 계기가 많았을 것이다. 그것을 지속할 수 있었던 것은 '좋은 사이'에서 부모가 환경 문제에 눈을 뜨게 되거나, 자연에 관심을 두게 된 결과일 것이다. 어머니가 '좋은 사이'에서의 일을 자주 화제로 올리는 속에서 자라왔기 때문에 분명히는 기억하고 있지 않지만, 친근감을 느낀다고 표현한 아이들도 많이 있었다. 그밖에 대학 시절에 야마사키 골짜기를 기본으로 마을의 산을 연구하거나 동아리 활동을 한 아이들도 있었고, '좋은 사이' 시절을 그리워하며 방문하는 아이들도 있었다.

아이들의 생생한 목소리들

어렸을때 경험이 지금의 나를 받쳐주고 있다

지금 나는 누가 시켜서 하는 일이 아니라 내가 하고 싶은 일을 하고 있다. '좋은 사이'에 있을 때도 그랬다. 늘 자연 속에서 흙투성이가 되어 옷이 닳고 닳아 찢어질 때까지 뛰어놀았고, 때로는 비탈길에서 굴러 떨어져 울기도 했다. 그러나 누구도 그런 내 행동에 대해 나무라거나 말리지 않았다. 오히려 그럴수록 나는 칭찬과 격려를 받았다.

풍요로운 자연환경 속에서 날마다 자연을 도구 삼아 놀던 어린 날들은 내 삶에 큰 영향을 주었다. 어릴 때 나는 동물이나 식물 그리고 곤충을 무척 좋아했는데 지금 내가 하는 염색 작품에 자연 생명체들을 소재로 많이 활용하고 있는데 아주 자연스럽게 배어나오는 것이라는 느낌을 받는다. '좋은 사이'에서 얻어진 감성은 지금도 변하지 않고 내 몸속에 살아 빛을 내고 있다. 어렸을 때의 경험이 어른이 된 지금 큰 힘으로 나를 받쳐주고 있다. 어린 시절에 이렇게 귀중한 경험을 하게 해준 부모님께 무척 감사드린다. 나의 작가활동은 어머니가 하고 있는 일과 아주 비슷한데, 부모가 하는 일에 흥미를 느끼고 아이가 흥미를 느끼는 것에 부모도 관심을 갖는 상호적인 게 아니가 싶다.

4기 다테바나 노리타카

어떤 일이 있어도 괜찮아

아홉 살때 우리 식구는 아키타로 이사했다. 춥고 혹독한 환경 탓이라고 잘라 말할 수는 없지만, 좀 어두운 사춘기를 보냈다. 그것을 넘기고 나니 이제 무슨 일이 있어도 괜찮다는 생각이 든다. 모르는 세계에 뛰어드는 것도 겁나지 않다. 그런 식으로 조금씩 앞으로 나아가고 있는데, 역시 어렸을 때 체험의 영향이 컸을 것으로 생각된다. 그렇지 않았다면 지금의 나는 존재할 수 없었을 테고, 가마쿠라 특히 야마사키의 골짜기에는 감사한다.

앞으로 당분간은 가구를 만들면서 살아가리라 생각한다. 다섯 해 동안은 꾹 참고 가구를 만드는 일에만 집중하려고 하지만, 십 년 뒤에는 무엇을 하고 있을지 모르겠다. 또 재미있는 일이 있으면 좋겠다고 생각한다.

6기 가토오 나오야

보육사가 되고 싶다

어렸을 때부터 어린아이를 돌봐주는 것이 몸에 뱄다. 우리 집 앞에는 항상 아이들이 많이 있었고 같이 놀아주곤 했기 때문에, 유치원에 다닐 때부터 아이들을 가르치는 선생이 되고 싶다고 생각했다. 스물두 살에 결혼하고 다음 해에 출산했다. 지금은 둘째를 가졌다. 육아가 끝나면 보육사로서 일하고 싶다는 바람이 크다.

2기 니시다 애미

자연속을 걸으면 마음이 평화로워진다

어머니는 자주 '좋은 사이' 이야기를 하지만, 나는 단편적인 기억밖에 없다. 도시락을 배낭에 놓고 정신없이 놀던 내가 굉장히 먼 존재로 느껴진다. 그러나 '좋은 사이'에서 산과 들을 뛰어다니고 흙투성이가 되어 놀았던 덕분에 지금의 내가 있다고 생각한다. 지금은 여러 가지 일로 바빠 자주 산을 찾지 못하지만, 가끔 기회가 닿아서 자연 속을 걷다 보면 마음이 확실히 평화로워진다. 땅 위에 튀어나온 나무뿌리나 울퉁불퉁한 흙바닥을 밟을 때 느끼는, 그 표현할 수 없이 편안한 기분.

9기 고쿠라 테츠히로

급경사를 쉽게 올라갈수 있는 것이 자랑스러웠다

초등학교 때 산으로 소풍을 가서 급경사진 산비탈을 올라가게 되었을 때, 그 누구보다도 쉽게 올라가서 모두가 놀랐던 적이 있다. 무척 자랑스러웠다. '좋은 사이'에 다닐 때에는 산길을 걷는 것이 싫어서 언제나 아이카와 선생님 뒤에 꼭 붙어 다니며 긴장했는데.

11기 다케다 미애

자급자족하는 농가의 삶을 꿈꾸다

나는 창밖을 바라보는 것을 좋아한다. 직장에서도 휴식시간이 되면 발길은 곧잘 창문으로 향한다. 그 창을 통해 하늘을 바라보곤 하는데, 이것이 아마 '좋은 사이'의 영향인지도 모르겠다. 돌이켜 생각하면, 도심에 있는 고등학교와 대학교보다 시골에 있는 학교를 택한 것도 '좋은 사이'의 영향이었다.

학교 다닐 때, "장래는?"이라는 질문을 받으면 난 "자급자족의 농가를 해보는 것이 꿈"이라고 대답했다. 그 장래 희망은 지금도 변함이 없다. 자연과 더불어 일하며 살고 싶은 내 꿈이 언젠가는 현실이 되길 바란다.

1기 나가미야 다카코

일상이어서 특별한 체험으로 인식하지 못한다

나는 젖먹이 때부터 골짜기에서 지냈다. 골짜기에서 다져진 건강한 몸을 갖고 있고, 건강을 위해 특별히 하는 운동은 없다. 물론 골짜기에서 보낸 어린 시절이 내 삶에 적지 않은 영향을 미쳤을 테지만, 그것을 구체적으로 말해 보라고 하면 생각나지 않는다.

당시는 골짜기에서 지내는 것이 당연한 일이었다. 여러 식물, 곤충을 만져 보고 흙으로 놀기도 하고 모내기도 하고 산을 걸어 다니기도 했지만, 그것들은 도심 공원에서 그네나 시소를 타는 것과 같이 '일상적인 놀이'였다. 골짜기에서 지낸 일은 그냥 일상이어서, 내가 특별한 체험을 했다는 의식조차 없는 것이다.

열한 살 때 가나가와 현에서 아키타 현으로 이사했는데, 그곳은 가나가와 현과는 비교되지 않을 정도로 풍요로운 자연에 둘러싸인 지역이었다. 그럼에도 불구하고 오히려 자연과 접할 기회가 적었다. 나를 비롯한 대다수의 아이들은 대부분 방과 후 학교 교정이나 공원에서 놀거나 친구 집 텔레비전 앞에서 시간을 보내곤 했다. 시골에 산다고 해서 산에서 사슴벌레를 잡거나 강에서 헤엄치며 놀 것으로 생각하면 착각이다. 결국 어떤 장소에서 살든지 의도적으로 자연을 찾지 않는 한 아이들이 자연 속에서 논다는 건 쉬운 게 일이다. 그래서 아이들이 자연에서 성장할 수 있도록 부모가 늘 관심을 갖는 게 중요하다.

4기 가토오 치아키

엄마들의 생생한 목소리

득이 되는 일도 꽤 있는 거야

'좋은 사이'에서 이태 동안 지냈던 딸이 초등학교 5학년이 되어 체험학습으로 다시 골짜기에 가게 되었다. 딸은 골짜기에 대해서 집에서는 왠지 잘 이야기를 하지 않는다. 그러나 많은 사람이 "가오루쨩, 골짜기에서는 무척 열심이래요!"라고 나에게 귀띔해 준다. 그 뒤 딸에게 물어보았다. "'좋은 사이'에 다녀서 좋았다고 생각해 본 적 있어?" 그랬더니 바로 대답이 나왔다. "꽤 득이 되는 일이 있어!"

'득이 된다!' 상당히 직접적인 표현이다. "득이 되다니 무슨 뜻이야?"라고 물어보니, 다음과 같은 대답을 손가락을 꼽으며 늘어놓았다.

"첫째, 남보다 맛있는 것을 많이 먹을 수 있어. 산딸기, 오디, 수유 열매 등을 반에서 가장 먼저 찾아서 누구보다도 많이 먹었어. 나무를 잘 타게 된 것도 좋았고.

둘째, 친구들은 "나뭇잎이 빨갛게 변했네. 참 아름답다!"라고 생각하는 것 같은데 그것뿐이야. 나도 "아름답다"라고 생각하지만, '이 빨간 잎으로 뭘 하면서 놀까?'라든가 '빨간 색은 어떻게 해서 생겨난 것일까?'라고 생각하거든. 그곳은 놀잇감과 생각할 거리가 많이 있어. 재미있잖아. 그 재미를 모르는 친구들은 손해를 보고 있다는 생각이 들어.

셋째, 논에 들어가는 것은 무척 재밌어. 왜 징그럽다고 하는 아이가 있는지 도대체 모르겠어. 난 논바닥을 밟는 그 느낌이 정말 좋아.

넷째, 사자바위에 올라가는 것도 단연코 빨라. 가장 좋은 위치를 몇 번이고 차지할 수 있는 여자애는 별로 없을 걸!

다섯째, 내가 옷을 더럽혀도 엄마는 화를 내지 않아. 그건 엄마가 '좋은 사이'에서 훈련이 되어서지!"

"어머, 얻은 게 많았네, 가오루짱. '좋은 사이'에서 배운 '맛있는 것은 다 같이 나눠 먹는다'거나 '어려움에 부닥친 아이가 있으면 살짝 손을 내밀어 준다'거나 '양보한다' 그런 정신이 가오루 마음속에 자리 잡고 있다고 엄마는 믿고 싶어."

가오루 짱은 엄마가 한 말을 잘 알아 들었다는 듯 힘차게 고개를 끄덕였다. 사자바위 위에서 신 나게 외치며 뛰어내리는 딸아이 모습이 눈에 선하다.

15기 마유미

체험이 전해져 간다

'좋은 사이'를 졸업한 지 9년. '개구쟁이들'을 졸업한 지는 7년. 각자 다른 초등학교에 다니고 좀체 만날 일이 없었지만, 이상하게도 아이들과의 인연은 단단히 이어져 있다. 그것만으로도 대단한 재산이다.

그리고 지금도 누군가 마음속에서 "sense of wonder(신비로움이나 불가사의한 것을 지켜보는 감성)"가 계속 빛나고 있음을, 살짝 엿보게 되는 아이들 행동을 통해 알게 된다.

'세 살 버릇 여든까지'라며 그 점을 기쁘게 생각하는 부모가 있다. 그 무엇과도 바꿀 수 없는 친구가 생긴 것을 자랑스럽게 생각한다. 그 유아기가 사실은 평생을 좌우하는 가장 소중한 시기가 아니었을까? 그 소중한 시간을 믿을 수 있는 보육사와 함께 부모도 같이 보낼 수 있었다는 것이 얼마나 큰 행운이었는지.

특별히 콕 집어 말할 수는 없다. 느긋이 하늘을 바라본다. 석양을 보러 자전거로 달린다. 들꽃으로 무심결에 손이 간다. 어느 새에 입에 넣었는지 싱아가 입속에 들어 있고 도토리를 발견하면 내달리기 시작한다. 이런 사소한 일들.

그래도 잘 보면 아이들의 모습이 좀 다르다. 오디를 친구에게 건네고 있다. 도토리로 만든 팽이를 어린아이에게 주고 있다. 대나무를 잘라 만든 화살을 쏘는 법을 가르쳐주고 있다. 물 위에 떠다니는 나무를 깎으니 종이 자르는 칼이 되고, 돌멩이는 그대로 예술작품이 된다. 흙투성이가 되면서 파낸 죽순을 별일 아닌 듯 엄마의 발밑에 내려놓는다. 친구를 꾀어 바다에 가는 배낭 속에는 왠지 칼과 간장이 들어 있다. 문어를 잡아서 먹는단다.

한손에 게임기를 들고 있으면서도 아이들이 대지에 든든히 뿌리를 내리고 있다는 것을 부모는 알게 된다. 그것이 친구나 하급생에게로 전해져 내려간다. 아이들의 친구들이 쓰레기를 함부로 버리지 않게 되고 제 곁에 있는 자연을 알아차리게 되었다. 아이들은 결코 말은 하지 않지만, 그 행동이 친구의 행동을 바꿔나간다. 자연 앞에서 부모는 더는 가르칠 것이 없는지도 모른다.

13기 구미코